Tomáš Zdražil

Waldorfpädagogik
«... aus Menschenerkenntnis heraus resultierende Liebe zum Menschen ...»

Tomáš Zdražil

Waldorfpädagogik

«... aus Menschenerkenntnis heraus resultierende Liebe zum Menschen ...»

Verlag am Goetheanum

Der Verlag am Goetheanum im Internet:
www.goetheanum-verlag.ch

Einbandgestaltung von Wolfram Schildt, Berlin

Lektorat: Dr. phil. Christiane Haid
Satz: Rolf Duscha, Oberhausen
Druck und Bindung: Beltz Grafische Betriebe, Bad Langensalza

ISBN 978-3-7235-1684-3

Inhalt

Vorwort

Wir leben in einer Zeit, in der bestehende kulturelle und gesellschaftliche Themen verstärkt ins Bewusstsein treten. Auch in der Pädagogik kommen in den Pandemie-bedingten Umbrüchen der tragenden Unterrichts-Rhythmen und im digitalen Erdrutsch hin zum Distance-Learning grundlegende Fragen der Erziehung an die Oberfläche. Tomáš Zdražil beschreibt mit seiner vorliegenden Schrift den Gründungsimpuls der waldorfpädagogischen Einrichtungen in Bezug auf die Wirkungsmacht der menschlichen Begegnung, um eine weitere Perspektive zu eröffnen: Was meinte Rudolf Steiner, wenn er vom «guten Geist der Waldorfschule» sprach?

Indem der Autor aus der Bearbeitung zahlreicher Quellentexte diesen «guten Geist» als die Christus-Wesenheit erkennt und beschreibt, begibt er sich auf eine Gratwanderung zwischen existenziell wesentlichen, aber auch herausfordernden und neu zu formulierenden Fragestellungen:

- Die Wirkung einer selbstlosen Wertschätzung dem Werdenden des jungen Menschen gegenüber, die sich auch in dieser Schrift aus der Anthroposophie begründet, beschreibt den Erziehungsansatz in der Waldorfpädagogik. Zugleich versteht diese sich nicht als Weltanschauungsschule für Anthroposophie, sondern als Ort für eine lebendige, methodische Erziehungs- und Unterrichtspraxis.
- Der pädagogische Ansatz einer solchen hingebenden christlichen Beziehung von Mensch zu Mensch versteht sich nicht als Bildung einer religiösen Bekenntnis-Gemeinschaft, sondern als ein Allgemein-

Menschliches, welches sich in der Begegnung mit jeder Individualität, unabhängig von ihrer Kultur- und Religionszugehörigkeit, verwirklichen kann.
- Eine entscheidende Qualität dieses «guten Geistes der Erziehungskunst» ist die Anerkennung der inneren Freiheit des Anderen, im Besonderen des jungen Menschen.

Der vorliegende Beitrag weist aus konzentrierter Perspektive anthroposophischer Quellentexte auf essenzielle Aspekte der Begegnung von Mensch zu Mensch in der Erziehungskunst hin. Denjenigen, die mit der waldorfpädagogischen Bewegung verbunden sind und tätig durch sie wirken, kann er zur Anregung werden, neu auf die Qualität der Menschlichkeit in der pädagogischen Arbeit zu blicken.

In einem weiteren Schritt kann die hier vorliegende Frage nach den geistigen Wurzeln der Waldorfpädagogik Ausgangspunkt sein, in einen Dialog mit Forschungen zum Menschlichen im heutigen Erziehungswesen zu treten, mit Betrachtungen menschlicher Begegnung in anderen Kulturen und Religionen sowie mit Beschreibungen von Wegen zu einer heute gelebten täglichen Erziehungspraxis.

Claus-Peter Röh

«Pädagogik ist, im Grunde genommen, aus Menschenerkenntnis heraus resultierende Liebe zum Menschen.»[1]

1 Die Menschlichkeit in der Pädagogik

Erziehen, Lernen und Lehren sind, im Gegensatz zu vielen anderen Arbeitsbereichen wie Tätigkeiten in der Verwaltung oder der Industrie, vollständig eingebettet in zwischenmenschliche Beziehungsverhältnisse. Im Vordergrund stehen immer die konkreten Menschen: die Erzieher und Kindergartenkinder, die Lehrer und Schüler als denkende, fühlende und handelnde individuelle Persönlichkeiten, deren Äußerungen und Bedürfnisse im Umgang miteinander vollumfänglich berücksichtigt und geachtet werden. Eine so verstandene Menschlichkeit wird als Grundlage des Kindergartens und der Schule betrachtet; sie bildet die unverzichtbare Voraussetzung für eine gesunde Entwicklung der Kinder sowie optimales Lernen und Aneignen von Wissen und Fähigkeiten der Schüler.

Mit diesen Grundsätzen der modernen Bildungswissenschaft ist die Waldorfpädagogik nicht nur vollkommen im Einklang, sondern sie betrachtet diese Form der Menschlichkeit als ihr erstes und wichtigstes Mittel und zugleich als höchstes Ziel. Dieses Ziel setzt allerdings die Fähigkeit voraus, den anderen Menschen auch in seinen tieferen Bedürfnissen, Wünschen, Intentionen und Entwicklungsperspektiven, ja in seinem ganzen Wesen wahrzunehmen, zu verstehen und diese Erkennt-

1 Steiner GA 307, S. 91

nisse zum Motiv des eigenen Handelns erheben zu können. Das heißt auch, sich und sein Handeln in den Dienst des Anderen zu stellen und ihn in seiner Entwicklung umfassend fördern zu wollen. Diese elementare, zugleich aber ebenso anspruchsvolle pädagogische Grundlage, die auf hohe menschliche Qualitäten hinzielt, ist für die Waldorfkindergärten und Waldorfschulen zentral und richtungsweisend.

Menschliche Qualitäten können sich nur von Mensch zu Mensch gestalten und setzen die Erkenntnis voraus, «was eigentlich der Mensch für den Menschen überhaupt und insbesondere der lehrende und unterrichtende Mensch für den aufwachsenden Menschen, für das Kind bedeutet. Gerade dieses bedeutsamste Verhältnis von Mensch zu Mensch» (Steiner GA 304, S. 65) ist das, was die Grundlage der inneren Einstellung des Lehrers und Erziehers werden soll. Anthroposophische Gedanken und Übungsanregungen leisten dazu eine wertvolle Hilfestellung.

In einer etwas rätselhaften Formulierung beschreibt Rudolf Steiner die Anthroposophie einmal als eine «Versuchsmethode des Allgemein-Menschlichen» (Steiner GA 259, S. 174). Man kann vielleicht etwas vereinfachend sagen, dass er die Anthroposophie, für die er in seinen pädagogischen Ausführungen häufig das Wort «Menschenerkenntnis» verwendet, so konzipiert, dass sie für den, der sich mit ihr befasst, zum Erziehungsmittel zur Menschlichkeit werden soll. Das heißt, dass die Wissensbestände der Anthroposophie wesentlich sind, dass sie aus einer etwas weiteren Perspektive gleichwohl als sekundär anzusehen sind, wohingegen die zur Fähigkeit gewordene Selbstverwandlung, die Menschlichkeit und Liebe, die aus der Beschäftigung mit Anthroposophie erwächst, als das eigentlich wesentliche Ergebnis verstanden werden kann. In diesem Sinne ist die Anthroposophie «kein Lehrinhalt» im Unterricht und die Waldorfschule ist daher «keine Weltanschauungsschule», denn «[...] wir streben hin auf praktische Handhabung der Anthroposophie. Wir wollen umsetzen dasjenige, was auf anthroposophischem Gebiet gewonnen werden kann, in wirkliche Unterrichtspraxis» (Steiner GA 293, S. 15).

Zurzeit wird die Einbettung des Lernens und Lehrens, teilweise auch des Erziehens, in solche zwischenmenschlichen Beziehungsgestaltungen massiv und radikal in Frage gestellt. Es werden sogar teilweise Stimmen laut, die die komplette Übertragung des Lernens in den digitalen «Raum» fordern, ja sogar nach der Abschaffung der physischen Schule rufen (A. Cuomo).[2] Die zwischenmenschliche Begegnung und der Kontakt zwischen Lehrer und Schüler scheinen inzwischen nicht mehr selbstverständlich zu sein. Man übt sich in Isolation, in Abstand-Halten und man praktiziert «social distancing». «Menschen sind biologisch gefährlich, Maschinen nicht.» (S. Sonalker)[3] Das soziale Leben wird so gelähmt und ist in eine Atmosphäre der Angst

---

2 Strauss, V.: Cuomo questions why school buildings still exist – and says New York will work with Bill Gates to ‹reimagine education›. In: https://web.archive.org/web/20200507031714/. https:/www.washingtonpost.com/education/2020/05/06/cuomo-questions-why-school-buildings-still-exist-says-new-york-will-work-with-bill-gates-reimagine-education/

3 «Humans are biohazards, machines are not.» Zitiert in: Klein, N.: How big tech plans to profit from the pandemic. https://www.theguardian.com/news/2020/may/13/naomi-klein-how-big-tech-plans-to-profit-from-coronavirus-pandemic

eingeschnürt. Im Eiltempo werden Visionen umgesetzt, die darin bestehen, die zwischenmenschlichen Kontakte im Pädagogischen, im Medizinischen, im Wirtschaftlichen usw. weitestgehend ins Digitale zu verlegen oder durch die Kommunikation der Menschen mit Robotern und KI zu ersetzen.

Mit diesen Vorgängen sind auch die Waldorfkindergärten und Waldorfschulen intensiv konfrontiert. Die aktuelle gesellschaftliche Realität[4] trifft sie im Kern. Gesamtgesellschaftlich gesehen richtet sich die Aufmerksamkeit ganz überwiegend auf den Schutz des Physischen, die Unversehrtheit der körperlichen Gesundheit. So verständlich die politischen Vorgaben auch sind, muss man sich jedoch jetzt ganz besonders die *eigentlichen* Rahmenbedingungen der pädagogischen Tätigkeit vergegenwärtigen, um einzusehen, dass hier ein differenziertes Vorgehen erforderlich ist. Die Waldorfpädagogik orientiert sich primär an der sich entwickelnden seelisch-geistigen Wirklichkeit des Kindes. Auch die Frage nach der leiblichen Gesundheit steht für sie in diesem Kontext. Vor dem Hintergrund dieses ganzheitlichen Ansatzes ist es unabdingbar, dass sie sich unter den gegenwärtigen Bedingungen ihrer moralisch-geistigen Aufgabe und ihrer pädagogischen Grundlagen noch deutlicher als bisher bewusst wird.

Um diese Herausforderung geht es in der folgenden Betrachtung. Sie untersucht die Grundbedingungen und das Wesen des radikal personalen Ansatzes in der Waldorfpädagogik und macht das anhand zahlreicher Stellen aus dem pädagogischen Werk Rudolf Steiners sichtbar. Es finden sich dabei Äußerungen, die sich

---

4 Frühjahr 2021.

zunächst nicht so leicht erschließen, denn sie sprechen eine Schicht des pädagogischen Auftrags an, die über die rein alltägliche Ebene hinausgeht. Rudolf Steiner bezeichnete diese Wirkungsebene als den «Geist der Waldorfschule». Uns Heutigen ist diese Daseinsebene in abgeschwächter Form bekannt, wenn vom «genius loci» eines Ortes die Rede ist. Doch blickt Rudolf Steiner hier auf eine umfassendere Wirkungsebene, die über das rein Örtliche hinaus die innere Ausrichtung und tiefere Quelle der Waldorfpädagogik und Waldorferziehung ausmacht. Die Äußerungen Rudolf Steiners zum «Geist» der Waldorfschule sind eng mit der Entstehung und Entwicklung der ersten Waldorfschule in Stuttgart (vgl. Zdražil 2019) verbunden. Im Wesentlichen handelt es sich jedoch im Folgenden nicht um eine historische, sondern eine pädagogisch-geisteswissenschaftliche Betrachtung zur geistig-moralischen Seite der Waldorfpädagogik, die das damals von Rudolf Steiner Entwickelte in seiner überzeitlichen und bis heute aktuellen Dimension ernst nimmt.[5]

5 Wenn hier und im weiteren Text immer wieder vom Geist der Waldorfschule gesprochen wird, ist immer selbstverständlich auch der Waldorfkindergarten gemeint. Dieser ist zwar erst nach dem Tod Rudolf Steiners 1926 gegründet worden, jedoch wird im Waldorfkindergarten aus dem gleichen Geist heraus erzogen und pädagogisch gearbeitet wie in der Waldorfschule. (Siehe dazu insb. das Kap. 7, S. 27ff.)

2 Einstimmung: Sich innerlich getragen fühlen

Der 10. April war im Jahre 1924 ein Freitag. Die Frühjahrssonne schien am Mittag in die Fenster der großen Baracke auf dem Schulhof der ersten Waldorfschule in Stuttgart, wo sich die ersten Zwölftklässler der Schule – acht junge Damen und neun junge Herren – versammelten. Sie hatten am länglichen Konferenztisch Platz genommen, an dessen Kopfende Rudolf Steiner und die Ärztin Ita Wegman, eine seiner engsten Mitarbeiterinnen, saßen. Auch die Lehrer waren anwesend und saßen hinter den Schülern.

Es war wohl der italienische Gastschüler Valdo Bossi, der nach der Abiturprüfung die Idee hatte, Rudolf Steiner um ein Gespräch zu bitten, um mit ihm die Frage der Berufe und Ausbildungen der abgehenden Schüler zu beraten. In diesem Gespräch handelte es sich eigentlich um lauter Zwiegespräche der einzelnen Schüler mit Rudolf Steiner. Kurze sachliche, klärende und hinweisende, hie und da auch humorvolle Zwiegespräche entfalteten sich zwischen den Schülern und Rudolf Steiner, wobei alle anderen erwartungsvoll zuhörten. Die verschiedensten Berufswünsche wurden ausgesprochen und von Steiner kommentiert: Ärztin, Kindergärtnerin, Architekt, Maler, Mutter, Krankenschwester, Waldorflehrer usw. Doch es gab auch etwas, was Rudolf Steiner allen gemeinsam ans Herz legte.

Zwei der Teilnehmer dieses Gespräches hielten die Situation schriftlich fest. Beide wurden später Waldorflehrer. Karin Ruths-Hoffmann, die sich zuerst in Breslau, dann in Schweden für den Aufbau der Waldorfschule engagierte, berichtet: «Er sagte, wir würden es erleben, wenn wir im Leben vor wichtigen Entscheidungen stünden, dass der Geist der Waldorfschule hinter uns stehen und uns die rechten Entschlüsse ins Ohr flüstern würde» (Ruths-Hoffmann 1956, S. 350). Rudolf Grosse, der später Leiter der Pädagogischen Sektion am Goetheanum wurde, schildert aus seiner Erinnerung die Empfehlung Rudolf Steiners im Ansatz ähnlich und doch noch etwas ausführlicher: «Im Leben, das Euch erwartet, wird Euch die Erinnerung an die Schule begleiten, und wenn Ihr in einem Augenblicke steht, wo Ihr keinen Rat findet und nicht mehr ein noch aus wisst und Ihr seid sinnend und hilfesuchend für Euch allein, da wird der Geist der Schule hinter Euch treten, Euch seine Hand auf die Schulter legen und Euch Rat und Trost spenden.» (Grosse 1998, S. 103)

Die Schilderung einer Realität, die hier als der «Geist der Waldorfschule» beschrieben wurde, ist bemerkenswert. Das in der Schule Erlebte verdichtet sich gleichsam in eine Instanz, die losgelöst vom Ort der Schule als geistige Realität jederzeit erreichbar und Hilfe bringend wirken kann. Dieser Geist wird hier ähnlich wie ein Mensch geschildert: einerseits wie eine nahe stehende Person, ein guter Freund, andererseits wie das idealische, vollkommenere eigene höhere Ich des Menschen. Dieser Geist ist substanziell mit dem verbunden, was aus den schönsten Begegnungen und Erlebnissen der Jugend[6] heraus, aus der Schule mit ins Leben mitgenommen wurde. Das waren Momente, in denen man am meisten aus sich selbst heraus handeln konnte, als man durch die Lehrer

---

6 Inwiefern die Schule (und der Kindergarten!) neben der Freizeit und natürlich der Familie ein Ort dieser «schönsten Begegnungen und Erlebnisse der Jugend» ist, bleibt in konkreten Fällen immer offen. Hier wird von einem solchen Schul-Bild ausgegangen, dass die Schule solche Begegnungen und Erlebnisse schafft und verdichtet.

in seinen Entwicklungsmöglichkeiten liebevoll wahrgenommen und gefördert wurde. Momente, in denen man «man selbst» war. – All dies wird später zu einem sorgenden Lebensbegleiter, «steht zu einem», steht bescheiden und aufmerksam «hinter einem», flüstert im rechten Augenblick, insbesondere in der Not aus seiner Kenntnis und Anteilnahme heraus einem leise und unaufdringlich Ratschläge ins Ohr oder tröstet.

Was hier als innere Erfahrung und eine Art Verheißung, als Zukunfts-Ausblick erscheint, findet man im 20. Jahrhundert von zahlreichen Menschen vielfach beschrieben. Man denke an das Erlebnis des spanischen Dichters Juan Ramón Jiménez, das er 1916/17 verdichtet hat:

> «Ich bin nicht ich.
> Ich bin jener,
> der an meiner Seite geht, ohne dass ich ihn erblicke,
> den ich oft besuche,
> und den ich oft vergesse.
> Jener, der ruhig schweigt, wenn ich spreche,
> der sanftmütig verzeiht, wenn ich hasse,
> der umherschweift, wo ich nicht bin,
> der aufrecht bleiben wird, wenn ich sterbe.»
> (Jiménez 1977, S. 77)

Diese Erfahrung kann in ihrer inneren Essenz so verstanden werden, dass sie unmittelbar auf die Realität hinweist, die mit dem «Geist der Waldorfschule» angesprochen wurde. Dass diese Erfahrung als Essenz der pädagogischen Arbeit verstanden wird und dass sie, von einem Menschen wie Rudolf Steiner, der geistige Wesen wahrgenommen und erforscht hat, in dieser

Situation angesprochen wird, lässt aufhorchen. Es kann hier keine abstrakte floskelhafte Metapher gemeint sein, auch nicht eine allgemein verstandene Qualität oder Idee. Es ist vielmehr von einem konkreten geistigen Wesen die Rede, das der Begründer einer Geisteswissenschaft in seinem Wirken in der Waldorfschule angesprochen, in das Bewusstsein der Lehrer und Schüler hereingerufen hat und mit dem er als Schulleiter besonders verbunden war. Die Äußerungen Rudolf Steiners im Zusammenhang mit seiner Arbeit in der Schule können zu der Frage führen, inwiefern wir durch sie ein besseres Verständnis für das Wesen und die Qualität der Erziehungskunst gewinnen können, das sich einem Bewusstsein dieser helfenden geistigen Instanz, dem «Geist der Waldorfschule» verdankt. Daher soll im Weiteren untersucht werden, in welchen Kontexten Rudolf Steiner den Geist der Waldorfschule ansprach und charakterisierte.

3 Was aus der Not und dem Elend herausführt

Wer den Vorbereitungskurs zur Eröffnung der Waldorfschule, der am 21. August 1919 durch Rudolf Steiner gehalten wurde, liest, bemerkt sogleich, wie feierlich dieser Gründungsaugenblick gestaltete wurde und welches geistige Gewicht Rudolf Steiner durch seine Worte dieser neuen Pädagogik mitgab. Er sprach von der künftigen pädagogischen Aufgabe als von einer «moralisch-geistigen». Es ging ihm dabei auch um die Verbindung mit den geistigen Welten und geistigen Wesen. Sie sollten die beteiligten Personen inspirieren und impulsieren und die pädagogische Arbeit der Waldorfschule im

Bewusstsein der realen Wirksamkeit dieser Verbindung gestalten. Das ist allerdings nicht mit der Geste einer religiösen Offenbarung versehen, sondern immer steht die menschliche Aktivität am Anfang, der Mensch, der sich aus eigener Intention der geistigen Welt und ihren Wesen zuwendet und durch sie Inspirationen erlangt. Ein komplexes Bild der geistigen Verbundenheit und der Wechselwirkung zwischen den Lehrern der Schule und den geistigen Wesenheiten, im Sinne der mittelalterlichen Engellehre (Dionysius 2019), der sogenannten dritten Hierarchie, wurde von Steiner dargelegt. In diesem Gründungsmoment wurde auch desjenigen gedacht, der im ganz paktisch konkreten Sinne die Schule ermöglicht hatte, Rudolf Steiner sprach einen warmen Dank an Emil Molt aus, den Leiter der Waldorf-Astoria Zigarettenfabrik, der den Impuls hatte, Rudolf Steiner zu bitten, für die Arbeiterkinder der Fabrik eine Schule zu errichten. Er tat das jedoch auf eine bemerkenswerte Art und Weise, indem er Molt «im Namen des guten Geistes, der führen soll die Menschheit aus der Not und dem Elend heraus, im Namen dieses guten Geistes, der die Menschheit führen soll zu der höheren Stufe der Entwickelung in Unterricht und Erziehung [...] denjenigen guten Geistern gegenüber» dankte, «die unserem lieben Herrn Molt den guten Gedanken eingegeben haben, in dieser Richtung und an diesem Platze für die Weiterentwickelung der Menschheit dasjenige zu tun, was er mit der Waldorfschule getan hat.» (Steiner GA 293, S. 17)

Man kann hier sehen, dass Rudolf Steiner mit dieser Schulgründung bereits einen sehr großen Horizont ins Auge fasste: Die Schule sollte sowohl einen Beitrag für die Weiterentwicklung der Pädagogik und des Unterrichtswesens als auch für die Weiterentwicklung der

Menschheit leisten. Auch in diesem Zusammenhang ist weise von einem inspirierenden Geist die Rede. Ich möchte diese Worte («im Namen des guten Geistes») im Folgenden auf den Geist der Waldorfschule beziehen und diese Formulierung als eine erste Charakteristik nehmen. Der Unterricht und die Erziehung werden hier als Mittel angesprochen, durch die eine geistige Wesenheit, der «gute Geist» der Menschheit aus der Not und einem geschichtlichen Tiefpunkt heraus zu einer Weiter- und Höherentwicklung verhelfen möchte. Somit ist hier eine zentrale Dimension der geistigen Menschheitsgeschichte angesprochen, die über die Schule selbst weit hinausreicht. Ohne in diesem Kontext im Einzelnen und ausführlich auf die Menschheitsgeschichte aus der Perspektive der geisteswissenschaftlichen Forschung einzugehen, kann dem Zitat folgend und aus der Kenntnis der genannten Zusammenhänge heraus gesagt werden, dass es sich hier um führende Engel-Wesenheiten handelt, die «die vorwärtsschreitende Kultur lenken». Man kann sie als Zeitgeister bezeichnen und sie gehören im Sinne der Engellehre des Dionysius von Areopagita, an die Rudolf Steiner anknüpft, der dritten Hierarchie an, die dem Menschen am nächsten steht.

Das sind inspirierende Engel-Wesen, die das Bewusstsein der Menschen spirituell aufhellen und es nicht in materialistischen Vorstellungen verfinstern lassen[7] wollen. Wir sollten zwar nicht übersehen, dass Rudolf Steiner an dieser Stelle, an der die Pädagogik inauguriert wird, ohne Namensnennung, diese großen Zusammenhänge nur freilassend andeutet, gleichwohl kommt

7 «Not und Elend» sind sicher auf die schwere Zeit nach dem Ersten Weltkrieg zu beziehen, jedoch viel mehr noch auf die stark materialistische Gesinnung der neuzeitlichen Menschheit.

durch die Formulierung seine enge Vertrautheit mit der Realität des Geistes zum Ausdruck: («[...] daß ich hier im Namen des guten Geistes [...] den allerherzlichsten Dank ausspreche [...]»).

4 Erziehungskunst – aus einem neuen Geist entwickelt

Einen Tag nach Abschluss des Vorbereitungskurses wurde die erste Waldorfschule am 7. September 1919 in einem großen öffentlichen Rahmen feierlich eröffnet. Unter den Ansprachen, die gehalten wurden, hebt sich die des Schulleiters Rudolf Steiner inhaltlich hinsichtlich der Dimension, in die die neue Pädagogik gestellt wird, heraus.[8] Er bringt an einer Stelle seine Ausführungen auf den Punkt: «Wir brauchen einen neuen Geist ... für alle Erziehungs-, für alle Unterrichtskunst» (Steiner GA 298, S. 25). Anders als in seiner Ansprache für die Kursteilnehmer einige Tage zuvor bleibt hier Rudolf Steiner auf der Ebene des Allgemein-Prinzipiellen ohne Hinweise auf geistige Wesen oder sogar auf Namen. Den Geist, der die Waldorfschule durchziehen soll, charakterisiert er anhand eines veränderten Bewusstseins, einer neuen Gesinnung und einer neuen Wissenschaft, die «nicht bloß Wissenschaft ist, die Leben und Empfindung selber ist, und die in dem Augenblick, wo sie als Wissen in die Menschenseele einströmt, zu gleicher Zeit die Kraft entwickelt, als Liebe in ihr zu leben, um als werktätiges Wollen, als in Seelenwärme getauchte

8 Außer Rudolf Steiner haben auch Emil Molt, Karl Stockmeyer und ein Vertreter der Arbeiterschaft eine Ansprache gehalten.

Arbeit ausströmen zu können; als Arbeit, die insbesondere übergeht auf das Lebendige, auf den werdenden Menschen» (ebenda).[9] Der neue Geist, der in der Schule wirksam werden soll, verwandelt den Pädagogen. Aus der Wissensvermittlung wird eine den ganzen Menschen umgreifende Art der Bildung, die sowohl das Herz berührt als auch zu einem tätigen Handeln in der Welt führt. Eine neue, aus der Geisteswissenschaft gewonnene Menschenerkenntnis lebt in den Erziehern und Pädagogen, die «die lebendige intuitive Beziehung, das lebendige intuitive Verhältnis zum Menschen» (ebd., S. 31) erwecken sollen: «Eins muss sein Kindesseele und Lehrerseele durch ein unterbewusstes geheimnisvolles Band, das vom Lehrergeist übergeht in den Kindergeist» (ebd., S. 30). Das gemeinsame geheimnisvolle Band zwischen Lehrer und Schüler lebt aus der Sphäre des Geistes, der in der Erziehungskunst gepflegt werden soll. Dieser lebt im liebevoll-empathischen, sozialen Element zwischen dem Pädagogen und dem Kind. Im Folgenden möchte ich dieser tieferen Dimension des Geistes der Erziehungskunst noch näher nachgehen.

---

9 Es ist bemerkenswert, dass Rudolf Steiner im Zusammenhang seiner Darstellung des neuen Geistes der Erziehungskunst auch die Hindernisse beschreibt, die es erschweren, dass der Menschen seine wahre Wesenheit erfassen kann. Es ist die Auffassung des Herzens als Pumpe. Das Herz müsste nicht nur in seiner zentralen Rolle als verantwortliches Organ der autonomen Lebensprozesse Organismus anerkannt werden, sondern auch in seiner Bedeutung für die seelische und insbesondere auch geistige Wesenheit des Menschen und ihre Verbindung mit der geistigen Welt (vgl. Selg 2003, Husemann 2019, Furst 2020). Das andere Hindernis sieht Steiner in der veräußerlichten Geschichtsauffassung, die keine Bewusstseinsveränderungen und -metamorphosen anerkennt. In der qualitativen Geschichtsbetrachtung, wie sie Rudolf Steiner in dieser Zeit immer detaillierter ausarbeitete, bildet die Christus-Wesenheit als der «Geist der Menschheit» einen Mittel- und Angelpunkt.

5 Der Geist, der in der Schule walten soll

Am 16. Dezember 1921, im dritten Jahr des Bestehens der Waldorfschule, kam es zur Grundsteinlegung für das neue Schulgebäude, womit das bisherige unbefriedigende Raumprovisorium der Schule beendet wurde. Bei der Feier der Grundsteinlegung las Rudolf Steiner einen Grundsteinspruch vor, den er eigens für dieses Gebäude geschrieben hatte. Er wurde dann unterschrieben und versiegelt in einem Grundsteinbehälter in die Erde versenkt. Der Spruch beschreibt in eindrücklicher Weise den inneren Impetus und die seelisch geistige Atmosphäre, in der sich die pädagogische Aufgabe der Schule vollziehen sollte:

«Es walte, was Geisteskraft in Liebe,
Es wirke, was Geisteslicht in Güte
Aus Herzenssicherheit
Und Seelenfestigkeit
In jungen Menschenwesen
Für des Leibes Arbeitskraft,
Für der Seele Innigkeit,
Für des Geistes Helligkeit
Erbringen kann.
Dem sei geweiht diese Stätte.
Jugendsinn finde in ihr
Kraftbegabte,
Lichtergebene
Menschenpfleger.
In ihrem Herzen gedenken
Des Geistes, der hier walten soll,
Die, welche den Stein
Zum Sinnbild hier versenken,

Auf dass er festige die Grundlage,
Auf der leben, walten, wirken soll,
Befreiende Weisheit,
Erstarkende Geistesmacht,
Sich offenbarendes Geistesleben.
Dies möchten bekennen
In Christi Namen,
In reinen Absichten,
In gutem Willen.»
(Steiner GA 269, S. 167)

In der Gestaltung dieses Spruches ist zu Beginn eine auf Vertikalität ausgerichtete innere Geste zu bemerken. «Geisteskraft in Liebe» und «Geisteslicht in Güte» sind die gleichsam kosmischen Inspirationen, die die Lehrer und Erzieher befähigen sollen, ihren pädagogischen Auftrag, aus einer durch den Geist gestärkten, kraftvollen Liebe und einer durch das Licht des Geistes erhellten Güte zu erfüllen. Verinnerlicht wird dies zu einer Qualität der Herzenssicherheit und Seelenfestigkeit, die in dreifacher Weise auf das leibliche, seelische und geistige Wesen des Jugendlichen und des Kindes wirken, indem im Leiblichen Arbeitskraft, im Seelischen Innigkeit und im Geistigen Helligkeit entstehen können. Die Schule ist diesem das Menschenwesen verwandelnden und gestaltenden Prozess als Ort gewidmet – der Spruch formuliert es in seiner inneren Dimension als «Weihe». Nun wird weiter entfaltet, welcher inneren Verfassung die Schüler in ihren Lehrern begegnen sollen: Sie mögen dort, wie es heißt, «Kraftbegabte» und «Lichtergebene Menschenpfleger» finden. Die beiden eingangs in Verbindung mit dem Geist genannten Eigenschaften, Kraft und Licht, sind nun zur Fähigkeit geworden.

Im Folgenden richtet sich die Aufmerksamkeit auf die bei der Grundsteinlegung tatsächlich Anwesenden. Alle, die sich für die Verwirklichung der Schule und der neuen Erziehungskunst in pädagogischer, wirtschaftlicher, organisatorischer oder anderer Hinsicht einsetzten, sind namentlich auf der Urkunde erwähnt. Es waren an die 44 Persönlichkeiten! (Zum Kontext des Ereignisses vgl. Zdražil 2019, S. 319)

Der Spruch ruft nun die beteiligten Menschen dazu auf, des Geistes, der in diesem Spruch beschrieben und dem dieses Gebäude gewidmet ist, «in ihrem Herzen [zu] gedenken». Dem Bau wird, wie an den folgenden Worten erkennbar ist, ein über die Schule im üblichen Sinne weit hinausreichender Auftrag mitgegeben. Er möge ein Ort sein, an dem «Befreiende Weisheit, Erstarkende Geistesmacht» und ein sich «offenbarendes Geistesleben» leben. Am Ende ist davon die Rede, dass sich die Anwesenden im Namen Christi zu den eben erklungenen Worten bekennen. Es ist ein inneres Versprechen vor der hier zum ersten Mal genannten Christus-Wesenheit. Sie wird wie eine selbstverständlich bereits anwesende Realität genannt. Wenn man die Worte des Spruches auf sich wirken lässt, ihn innerlich durchlebt und meditiert, kann erlebbar werden, wie eine bewusst ergriffene geistige Aktivität die Voraussetzung einer Wesensbegegnung ermöglicht. Und wie von ihr stärkende und verwandelnde Kräfte für den Einzelnen und die Gemeinschaft ausgehen. So ist die Tatsache, dass die in dem Spruch genannten Qualitäten für ein Gelingen des pädagogischen Prozesses gleichsam als Vorsatz dem Christus-Wesen dargebracht werden, nicht als ein im konfessionell religiösen Sinne zu verstehendes Bekenntnis anzusehen, sondern als ein allgemein Menschliches, über allen Konfessionen stehendes.

Es fällt vielleicht auf, wie kraftvoll, enthusiasmierend, energisch dieser Spruch konzipiert ist. Dabei war der Zeitkontext des Winters 1921/1922 denkbar schwer: eine kaum vorstellbare existenzielle wirtschaftliche Not, heftige Angriffe auf die Schule, persönliches Versagen und Zerwürfnisse unter den Mitarbeitenden.

Um die Wesenheit und Bedeutung des Christus noch näher zu verstehen, seien die folgenden Kapitel einigen Themen und Motiven gewidmet, die mit der Pädagogik besonders verbunden sind. Rudolf Steiner hat die Gestalt des Christus in ihrer über den Religionen stehenden Aufgabe über viele Jahre breit erforscht und dargestellt.

6 Die Christus-Wesenheit – eine erste Annäherung

Das Christus-Wesen hat in den anthroposophischen Darstellungen der Evolution der Menschheit eine unvergleichlich zentrale Schlüsselstellung (Steiner GA 8, GA 13 und GA 15). Christus wird hier vor dem Hintergrund der antiken Mythen und Mysterien gesehen, und zwar als Mittelpunkt und Erfüllung der in den Mysterien durchgeführten Einweihungsvorgänge. Von den Eingeweihten wird Christus als die Weltenvernunft, der Logos, der Sohn Gottes erfahren. Der Prolog des Johannes-Evangeliums beschreibt den Logos als die schöpferische Kraft Gottes, als evolutionären Impuls, durch den alles Sein entstand und der weiterhin in allem Werden wirksam ist.

Der andere wesentliche Aspekt der Christus-Wesenheit ist seine kosmologische Rolle als der hohe Sonnengeist, der für die Menschheit den Mittelpunkt der irdischen Entwicklung als das makrokosmische Welten-Ich darstellt. Letztendlich geht es in der Menschheitsgeschichte, so Rudolf Steiner, um die Entwicklung und Ausbildung des menschlichen Ich, wofür das Christus-Wesen eine Art Urbild wie auch Schutzgeist darstellt.[10] Im Verlauf der geschichtlichen Entwicklung beziehen sich verschiedenste Menschengruppen und Kulturen auf die geistige Realität, die später dann den Namen Christus erhält, sie verleihen ihm die verschiedensten Namen und treten mit ihm geistig in Wechselwirkung. Es geht jedoch von Anfang an um die Entwicklung der ganzen Menschheit, aller Menschen ohne Ausnahme. Ausgehend von den alten Mysterienkulturen (Steiner GA 8) und den Evangelien beleuchtet Rudolf Steiner konkret und beispielhaft die Zusammenhänge des Sonnengeistes mit den einzelnen orientalischen Kulturen und manchen großen Religionsstiftern. In ihnen erscheint Christus als die geistige Wesenheit, die die menschliche Entwicklung leitet und impulsiert. Eine einmalige und besondere Zeit seines Lebens auf der Erde sind die drei Jahre zwischen der Taufe im Jordan und der Kreuzigung, in denen das Christus-Wesen nicht nur geistig auf die Menschheit eingewirkt hat, sondern sich mit dem Leib des Jesus von Nazareth verbunden hat. Das Ereignis, das mit dem Tod und der Auferstehung Christi verbunden ist, fasste Rudolf Steiner in dem Ausdruck «Mysterium von Golgatha» zusammen.

10 Die Christus-Wesenheit sei «das Voll-Ich des Menschen», das «Ur-Ich des Menschen» (Steiner GA 139, S. 137 und S. 139), das, «was dem Ich seinen Sinn gibt» (Steiner GA 127, S. 97).

7 Christus-Kräfte im kleinen Kind

Acht Jahre vor der Waldorfschul-Gründung führte Rudolf Steiner aus seinen geisteswissenschaftlichen Forschungen aus, dass die Kräfte der Wesenheit, die drei Jahre in Jesus von Nazareth lebten, etwa während der ersten drei Jahre in jedem Menschen wirksam sind. Die früheste Kindheit, in der das Kind noch kein Selbstbewusstsein hat, und keine Erinnerungsfähigkeit, steht in einer besonderen Beziehung zum Christus-Wesen. Nur durch diese Verbindung der kindlichen Seele zum Christus-Wesen und seinen Kräften ist sie imstande, so intensiv zu lernen und sich die urmenschlichen Fähigkeiten des Gehens, Sprechens und Denkens zu erwerben. «Diese Kräfte sind es, die den Menschen fähig machen, sich in ein bestimmtes Verhältnis zur Schwerkraft zu bringen. Sie sind es auch, die seinen Kehlkopf formen, die sein Gehirn so bilden, daß es ein lebendiges Werkzeug für Gedanken-, Empfindungs- und Willensausdruck wird» (Steiner GA 15, S. 15). Das Christus-Wesen wirkt also gerade am Anfang jedes Menschenlebens am stärksten und bildet so – noch unbewusst – die Keime seiner Menschlichkeit. «Der menschliche Organismus, welcher bei der Johannestaufe am Jordan stand, als das Ich des Jesus von Nazareth aus den drei Leibern fortging, barg nach der Taufe in voller bewusster Ausgestaltung jenes höhere Menschheitsselbst, das sonst, den Menschen unbewusst, mit Weltenweisheit am Kinde wirkt» (ebenda, S. 23f.).

Nimmt man diesen Zusammenhang ernst, so können die Evangelisten als Autoren angesehen werden, die durch das Wesen des Christus inspiriert schreiben, «das am Menschen in den Kindheitsjahren arbeitet. …

Der Mensch ist Offenbarung des Geistes durch seinen Leib; die Evangelien sind solche Offenbarung durch die Schrift» (ebenda, S. 29). Für Rudolf Steiner ist folglich das Christentum keine primär historische Tatsache, sondern etwas, was in seiner Wirksamkeit an jedem Menschen, ja gerade an jedem kleinen Kind abgelesen werden kann. Er meinte und hoffte, dass die Menschen immer weniger den traditionellen Zugang zu Christus durch die historischen Zeugnisse brauchen, sondern künftig immer mehr aus einer geistig vertieften Selbst- und Menschenerkenntnis das Christus-Wesen von innen heraus verstehen werden: «Die am Menschen im Kindheitsalter wirksamen Kräfte erkennen, heißt den Christus im Menschen erkennen» (ebenda, S. 25). Ein Verhältnis zu Christus wird an die Einsicht in die wundervollen Entwicklungsschritte des frühen Kindesalters geknüpft und von der Tradition abgelöst sein. Dieses Motiv, dass der Mensch auch im späteren Leben nie allein, d. h. ohne den Christus-Geist ist, wird in der Anthroposophie in den folgenden Jahren immer weiter ausgeführt (vgl. z. B. Steiner GA 161, S. 102).

Es handelt sich hier nicht zuletzt um eine Perspektive, die zu einer spirituellen Wertschätzung des Kindes anregt und dadurch eine große pädagogische Relevanz hat. Das kleine Kind erscheint hier als eine Art Urbild des Menschen schlechthin. Die Entwicklung des Menschen – vielleicht sogar durch aufeinanderfolgende Erdenleben hindurch, da die Reinkarnation eine wesentliche Komponente des anthroposophischen Menschenverständnisses ist – bedeutet, sich selbst immer mehr und bewusster zum Ausdruck dieser reinsten menschlichen Kräfte zu machen, die in der frühen Kindheit unbewusst wirken. Rudolf Steiner beleuchtet in diesem

Zusammenhang den bekannten Evangelien-Spruch neu: «So ihr nicht werdet wie die Kindelein, könnt ihr nicht in die Reiche der Himmel kommen!» (Matthäus 18:3) Es muss, wie Rudolf Steiner beschreibt, jeden pädagogisch Wirkenden mit dem «Gefühl der unendlichen Verehrung dessen, was sich geheimnisvoll in jedem Menschenwesen zum Ausdruck bringt», erfüllen (Steiner GA 294, S. 26); und gerade dieses Gefühl vertieft sein pädagogisches Handeln und seinen Umgang mit dem Kinde. Die Christus-Kräfte sind also die zutiefst menschlichen Kräfte, deren Kenntnis und Pflege dem Pädagogen obliegt.

Einen ganz besonderen Stellenwert erhalten gerade diese Aspekte in der Kindheitspädagogik, die z. B. in den Kindergärten praktiziert wird. Hier kommt dem, was ein Kindergartenpädagoge als innere Gesinnung und geistige Stimmung in sich pflegen kann, wenn er kleine Kinder erzieht, eine besondere Bedeutung zu. Es war ein großes Anliegen Rudolf Steiners, dass dieses Bewusstsein in den Pädagogen lebt. Und so bemühte er sich darum, dass so bald wie möglich nach der Gründung der Schule auch ein Waldorfkindergarten errichtet wurde. Steiner hat mit dieser Absicht gleich im ersten Schuljahr Elisabeth von Grunelius, eine ausgebildete Kindergärtnerin, an die Schule berufen.

8 «Nicht ich, sondern der Christus in mir»

Rudolf Steiner hielt es von Anfang an für erforderlich, dass sich für die Ausübung der neuen Erziehungskunst ein neues, vertieftes Bewusstsein für den Lehrer und Erzieherberuf bilden sollte. Dafür legte er den Lehrern einen Spruch ans Herz, in dem er in einzigartiger Weise am Ende eines pädagogischen Vortrags verdichtete, was es zu erüben galt. Er nannte diesen Spruch das eigentliche «Gebet für den Lehrer»: «Lieber Gott, mache, dass ich mich in Bezug auf meine persönlichen Ambitionen ganz auslöschen kann.» Und «Christus, mache besonders an mir wahr den paulinischen Ausspruch: Nicht ich, sondern der Christus in mir.» Das sind die zwei gebetartigen Bitten. Und so führte Rudolf Steiner weiter dazu aus: «Wie gesagt, für die anderen Menschen mag es mancherlei Gebete geben, für den Lehrer gibt es gerade dieses Gebet zu dem Gott im Allgemeinen und zu dem Christus im Besonderen, damit in ihm der richtige heilige Geist der wahren Erziehung und des wahren Unterrichts walten kann. Denn dies ist die richtige Dreieinigkeit für den Lehrer.» (Steiner GA 306, S. 132) Es ist bemerkenswert, wie hier die Trinität enthalten ist. In dieses «Gebet» nimmt Rudolf Steiner den kurzen Vers aus dem Galater-Brief des Paulus auf (Gal 2:20), der vor Damaskus eine Begegnung mit dem auferstandenem Christus hatte (Apostelgeschichte, 9:3–29, Hahn 1990, S. 177–188), was ihn vom Saulus zum Paulus machte. Der Satz «Nicht ich, sondern der Christus in mir» gehört zu den am häufigsten von Rudolf Steiner zitierten Zeilen des Neuen Testaments. Man kann hier die Aufforderung zur größtmöglichen Selbstlosigkeit wiederfinden, als einen Weg zu Christus: «den Christus erkennen, heißt die Schule der Selbstlosigkeit durchmachen.» (Steiner GA 152, S. 151). Steiner war davon überzeugt, dass das Studium der anthroposophischen Menschenkunde dazu beiträgt, die egoistischen Regungen des Lehrers abzuschwächen. Gleich am Anfang der Allgemeinen Menschenkunde, am ersten Kurstag im

August 1919, betonte er die inneren Veränderungen bis in moralische Qualitäten hinein, die sich durch Gedankenarbeit und Selbsterziehung vollziehen: «In dem Augenblick, wo Sie solche Gedanken haben, bekämpft etwas in Ihnen alles das, was bloßer Persönlichkeitsgeist ist [...] es wird etwas von dem ausgelöscht, was gerade am meisten vorhanden ist im Menschen dadurch, dass er ein physischer Mensch ist.» (Steiner GA 293, S. 27f.). Die spezifisch anthroposophische Betrachtung der Menschenwesenheit im Zusammenhang mit ihrer Entwicklung zwischen Tod und einer neuen Geburt und im Zusammenhang mit der menschlich-kosmischen Entwicklung erweitert das Erlebnis der Bedeutsamkeit, der Größe und ganzen Würde des Menschen und der Menschheit. Das führt auch zu der Vorstellung, dass man die ganze Wirklichkeit eines Menschen nie vollständig erfassen kann, weil sie die Unendlichkeit des Kosmos berührt. Die Haltung, die man durch solche Vorstellungen einem konkreten Menschen gegenüber einnehmen lernt, wird eine ganz andere werden als ohne solche Vorstellungen und Gedanken. Die Achtung vor jedem anderen Menschen intensiviert sich. Die Bedeutungsdimensionen eines Menschen weiten sich, er wächst für mein Erleben. Die egoistisch-persönlichen Gefühle werden damit geringer, man wird selbstloser. Die kosmisch-selbstlosen Gefühle öffnen die Seele für die geistige Wirklichkeit des anderen Menschen. Dadurch wird man empfänglich für das, was sich aus der inneren Sphäre des anderen Menschen mitteilt.

Rudolf Steiner hatte die Hoffnung, dass durch die Beschäftigung mit der Anthroposophie die menschlich-pädagogischen Fähigkeiten wachsen. «Lassen Sie erst einmal eine viel kürzere Zeit Geisteswissenschaft die menschlichen Seelen ergreifen, dann werden Sie sehen, dass diese Geisteswissenschaft, wenn sie die menschlichen Seelen wirklich ergreift, in den menschlichen Herzen schon als Liebe aufgehen wird.» (Steiner GA 181, S. 27) Die Liebe wird hier natürlich nicht verstanden als eine spontan auftretende Seelenregung, etwa eine elementare Sympathie für einen anderen Menschen. Insbesondere dürfen die leiblich gebundenen Sympathien nicht mit Liebe verwechselt werden. Wahre, umfassende Liebe ist für Rudolf Steiner das Ziel der ganzen irdischen Entwicklung, die höchste Fähigkeit, die wir heute nur in einem ersten Keim kennen, und die zu suchen und zu entwickeln ist. «Was Liebe ist, ist etwas so Kompliziertes, dass kein Mensch den Hochmut besitzen sollte, Liebe zu definieren, Liebe ihrem Wesen nach ohne weiteres zu durchschauen.» (Steiner GA 136, S. 60) Am ehesten kann man sagen, dass es bei der Liebe um ein Ergebnis der Selbsterziehung geht, die zu einer harmonischen Entfaltung aller Seelenkräfte – von Denken, Fühlen, Wollen – führt. Wenn keine der drei Seelenkräfte vorherrscht und die anderen unterdrückt, wenn die drei Seelenkräfte zu einer höheren Einheit werden, kann eine vierte Qualität neben den drei ersten entstehen, die Liebe eben. In der Liebe sind nicht nur Denken, Fühlen und Wollen in Harmonie, sondern die drei Kräfte durchdringen sich gegenseitig und bereichern sich (Steiner GA 121, S. 108). Die Liebe wird hier eins mit der Selbstlosigkeit und den moralischen Tugenden wie Verständnis des Anderen, Hilfs- und Opferbereitschaft, Milde, Geduld, Ausdauer und anderen Fähigkeiten, in denen jeweils das klare Denken, das Anteil nehmende Fühlen und das werktätige Wollen zusammenwirken. Insofern wird die Liebe auch zu einer Wahrnehmungsfähigkeit und Erkenntniskraft, die die verborgenen Dimensionen der Wirklichkeit, insbesondere von anderen Menschenwesen eröffnet. Saint-Exupéry schreibt in diesem Sinne: «Man sieht nur mit dem Herzen gut. Das Wesentliche ist für die Augen unsichtbar.» (Saint-Exupéry 2016)

Dieser Aspekt ist als ein Kernanliegen der menschlichen Entwicklung überhaupt und damit auch der Waldorfpädagogik anzusehen. Durch diese tastenden Andeutungen der bisherigen Ausführungen kann ein Eindruck entstehen, wie wichtig es für Rudolf Steiner war, dass dasjenige, was Selbstlosigkeit und Liebe – und verbunden damit – das Wesen, das hinter ihnen steht, zum Geist der neuen Schule werden möge. Unter diesem Gesichtspunkt soll nun weiter auf das Leben der neu gegründeten Schule und Steiners Wirken in ihr geblickt werden.

9 Der «Geist» der Menschheit

Im ersten Schuljahr finden sich bei Steiner noch zwei Mal Formulierungen, in denen er vor der Schülerschaft und in Anwesenheit des Lehrerkollegiums auf den «Geist» der Schule zu sprechen kommt. Diese Äußerungen erweitern das bisherige Bild. Rudolf Steiner verbrachte 1919/20 die ganze Weihnachtszeit in Stuttgart. Dadurch konnte er am 21. Dezember an der Weihnachtsfeier der Waldorfschule teilnehmen. Vor dem Hintergrund der deutlich spürbaren wirtschaftlichen Not und Armut, der Schwächung und Erschöpfung der Menschen, dem Mangel an Lebensmitteln und Heizmaterial war diese erste Weihnachtsfeier ein besonderes, und den widrigen äußeren Umständen zum Trotz, ein freudiges und erhebendes menschliches Ereignis. Die Schüler versahen alle Klassenräume mit weihnachtlichem Schmuck. Eine Lehrerin hatte für die Klassen Krippenfiguren aus Ton gemacht und die Schüler hatten für die Lehrer Geschenke vorbereitet.

Sowohl die vorweihnachtliche Stimmung als auch seine Eindrücke aus den Klassen waren für Rudolf Steiner ein positives Zeugnis für das Erreichte. So schrieb er an Heiligabend an seine Mitarbeiterin in Dornach, die englische Bildhauerin Edith Maryon: «Die Waldorfschule hat sich bis jetzt gut entwickelt. Es herrscht da ein guter Geist. Die Kinder gehen gerne dahin. Und fragt man sie: geht ihr gerne in die Schule, so antworten sie begeistert ‹ja›.» (Steiner GA 263, S. 42) In seiner Ansprache bei der Weihnachtsfeier konkretisiert Rudolf Steiner seine zunächst mehr atmosphärisch klingende Äußerung über den «Geist» der Schule weiter: «Was mir entgegenwehte aus dieser Schule, das war, was ich nennen möchte den guten Geist dieser Schule. Ein wirklich guter Geist war es, der hier Lehrer und Kinder vereint, ein guter, ein einheitlicher Geist [...] so ist es doch so, daß dieser Christus-Geist bei uns in allen einzelnen Lehrfächern, in aller einzelnen Lehrtätigkeit steckt [...]» (Steiner GA 298, S. 38). Es ist bemerkenswert, wie der zunächst mehr atmosphärische Blick auf das, was in der Schule lebt, mit dem tieferen Wirken der Christus-Wesenheit verbunden wird, die als innerer Grund gleichsam allen Unterricht durchziehen soll. Das Verständnis von Christus ist hier kein konfessionell geprägtes, sondern ein allgemein menschliches. Es ist wesentlich, dass am Anfang die Bemühung der Lehrer steht, die Arbeit in einem bestimmten Geist zu pflegen, den man in seinen inneren Qualitäten als Menschenliebe, Hingabe und Selbstlosigkeit bezeichnen kann. Das sind Qualitäten, die entwickelt werden sollen und die den Unterricht sowie das Miteinander im Schulleben und das Arbeiten in der Schule durchziehen mögen. Sie wirken sich positiv gestaltend auf die Gesamtatmosphäre der Schule aus. Schaut man nun im Rückblick auf das durch die inneren Intentionen Erreichte zurück, so wird der inspirierende Geist der gesamten pädagogischen Arbeit im Sinne eines menschlich-menschheitlichen und die Entwicklung aller am pädagogischen Prozess Beteiligter fördernden Wesens sichtbar. Seine Wirksamkeit sah Rudolf Steiner, wie schon skizziert, in der menschlichen Verbundenheit der Gemeinschaft der Schüler mit ihren Lehrern. Dieser Geist lebt dort, wo die Bedürfnisse des Mitmenschen wahrgenommen werden und wo sie zu Handlungsmotiven der anderen Menschen werden. Im warmen menschlichen Interesse, in der Hilfsbereitschaft, der werktätigen Liebe lebt dieses den Menschen so nahe begleitende Wesen. Die selbstlosen Gefühle, die Nuancen der Liebe und des Mitleids «sind die Kräfte, aus denen der Christus sich seinen Ätherleib formt bis zum Ende der Erdenentwickelung» (Steiner GA 143, S. 184), führt Rudolf Steiner an anderer Stelle und in anderen Zusammenhängen aus. Man kann diese Betrachtungen zum Verständnis hier hinzunehmen. In ihnen blickt Rudolf Steiner auf eine Wirklichkeitsschicht, die unmittelbar über der sinnlich-physischen Erscheinungswelt liegt. Es ist der Bereich der Lebenskräfte, das Ätherische, zu dem auch die Kräfte des lebendigen Denkens, im Sinne einer Kraftwirkung, sich gestaltend betätigen. Es handelt sich dabei um eine Qualität des Denkens, das nicht nur die äußere Wirklichkeit abbildend tätig ist, sondern das die Bildeprozesse des Lebendigen tätig erfassen und daher auch im Sinne des Lebendigen zu handeln vermag. Es handelt sich hierbei um ein produktives Denken, das durch sich selbst wiederum auf die Lebensprozesse fördernd wirken kann. Aus diesen feinen Geistwirkungen, die sich hier im sozialen Prozess des liebevollen zwischenmenschlichen Miteinanders zeigen, kann sich eine Art ätherische Hülle des Christus bilden. Man fühlt sich hier erinnert an das bekannte Evangelien-Wort: «Denn wo zwei oder drei versammelt sind in meinem Namen, da bin ich mitten unter ihnen» (Matthäus 18:20). Im Sinne einer Beziehung, die das tiefste Ideal des Menschenwesens in der Begegnung zur Geltung bringen kann. Der helfende Geist in dieser Beziehungsstiftung ist Christus.

Es geht dabei nicht nur um die Lehrer-Schüler-Beziehung, sondern auch um die Beziehung unter den Schülern selbst, die Beziehungsgestaltung im Kollegium und die Mitwirkung der Eltern im Schulleben, kurz: um die (Schul-)Gemeinschaft als Ganzes. Es ist die Gemeinschaft, die einen Einzelnen aufnimmt und trägt und in die der Einzelne seinen Anteil, seine Fähigkeiten und seine Kraft aufgrund der Wahrnehmung dieser Gemeinschaft einbringen kann.

In der Ansprache anlässlich einer Monatsfeier am 10. Juni 1920 heißt es: «Der Christus-Geist durchwaltet unsere Schule; ob wir rechnen, ob wir lesen, ob wir schreiben, alles dasjenige, was wir treiben, ist so, daß wir es in der Gesinnung treiben, die der Christus erweckt hat: Dieser Geist soll walten; walten wird er durch dasjenige, was in Liebe, Geduld und Ausdauer eure Lehrer euch entgegenbringen» (Steiner GA 298,

S. 42). Hier geht es um die innere Haltung, mit der unterrichtet wird. Drei moralische Qualitäten – Liebe, Geduld und Ausdauer – werden hier genannt. Es sind die drei Tugenden, die den durchgeistigten selbstlosen und dadurch empathiegetragenen Willen auszeichnen – eine Gesinnung, die der Christus weckt.

Einige Wochen später, zum Abschluss des ersten Schuljahres am 24. Juli 1920, spricht Steiner nochmals in diesem Sinne: «Ich danke Euch im Namen des Geistes der Menschheit [...] Das ist dasjenige, was ich nennen möchte: Der Geist der Waldorfschule! Er soll wieder zur echten Frömmigkeit ausbilden. Es ist im Grunde genommen der Geist des Christentums, der durch unsere Räume weht, der, von jedem Lehrer ausgehend, zu jedem Kinde hingeht, auch wenn etwas scheinbar von der Religion Fernstehendes gelehrt wird, wie zum Beispiel Rechnen. Hier ist es immer der Geist des Christus, der, von dem Lehrer ausgehend, in die Herzen der Kinder einziehen soll, dieser Geist, der von Liebe, von wahrer Menschenliebe durchweht ist.» Und am 23. 11. 1920 heißt es in einer Monatsfeieransprache im zweiten Schuljahr: «Dieser Christus-Geist ist auch der große Lehrer eurer Lehrer. Durch eure Lehrer wirkt der Christus-Geist in eure Herzen hinein.»[11] (Steiner

11 In einem scheinbaren Widerspruch dazu stehen Äußerungen Steiners, dass Christus nicht wie andere religiöse Lehrer gewirkt habe, da er «als makrokosmische Realität wirkt, ist er kein Lehrer wie die andern Lehrer, sondern er hat sich mit der Erde als eine Realität, als eine Kraft, als Leben verbunden.» (vgl. Steiner GA 130, S. 151) Sein Wesen ist die Liebe. In diesem Sinne enthält das Ritual der Sonntagshandlung für die Kinder die gewichtigen Worte: «Wir lernen, um die Welt zu verstehen. Wir lernen, um in der Welt zu arbeiten. Die Liebe der Menschen zueinander belebt alle Menschenarbeit. Ohne die Liebe wird das Menschensein öde und leer. Christus ist der Lehrer der Menschenliebe.» (Steiner GA 269, S. 26) Insofern

GA 298, S. 62 und S. 67). An diesen Stellen kommen neue Nuancen hinzu: der Geist der Waldorfschule als der «Geist des Christentums», allerdings gar nicht im exklusiv-konfessionellen Sinne, sondern im allgemeinmenschlichen Sinne als der «Geist der Menschheit», der Geist, «der [...] von wahrer Menschenliebe durchweht ist» (Steiner GA 298, S. 62). Christus ist der Repräsentant des höchsten Menschentums, der überkonfessionellen Menschlichkeit schlechthin, der selbstlosen Liebe.

Diesem Verständnis entsprechend, kann der überkonfessionelle Geist der Menschheit, der Mensch als solcher, eine «echte Frömmigkeit» der Zukunft heranbilden, die auf (Dogmen-)Freiheit beruht (vgl. Steiner GA 168, S. 103). Dogmen im Sinne einer auf Autorität beruhenden feststehenden Lehrmeinung einer kirchlichen Gemeinschaft sind mit einem aufgeklärten autonom sich empfindenden Bewusstsein des modernen Menschen nicht zu vereinbaren. Diese Frömmigkeit der Zukunft hat dann mit dem Religionsunterricht der Waldorfschule, in dem übrigens für alle Konfessionen in verschiedenen Gruppen unterrichtet wird, nur insofern zu tun, als sie, wie alle anderen Unterrichtsfächer, auf einer zwischenmenschlichen Beziehung beruht, nicht auf einem bestimmten Inhalt. Es ist möglicherweise ein

---

weist Steiner darauf hin, dass die Lehren des Christus (Bergpredigt) nicht das Einzigartige seien, da vieles in der christlichen Ethik mit anderen Religions-Stiftern identisch sei. Das Wesentliche sei, dass Christus gelebt hat, dass er da war und durch Tod und Auferstehung ging, und dass er seither als diese Kraft der Wandlung und Substanz der Liebe auf der Erde da ist. Er hat keine neuen Gebote gegeben außer: «Liebet einander, wie ich euch geliebt habe ...» (Joh. 13,34). Liebe aber kann nur eine freie Gabe sein ... Seine Taten und sein Vorbild als wiederhergestelltes Menschen-Urbild sind einzig. Diese Tatsache führte zum Begriff der Nachfolge, der insbesondere von Thomas a Kempis ausgearbeitet wurde (Kempen 1986).

Gedanke, der erst einmal bewusst neu gebildet werden muss, dass die Religiosität der Zukunft «darauf beruhen [wird], dass in jedem Menschen das Ebenbild der Gottheit wirklich in unmittelbarer Lebenspraxis, nicht bloß in der Theorie, anerkannt werde. Dann wird es keinen Religionszwang geben können, dann wird es keinen Religionszwang zu geben brauchen, denn dann wird die Begegnung jedes Menschen mit jedem Menschen von vornherein eine religiöse Handlung, ein Sakrament sein [...]», so Rudolf Steiner wenige Monate vor der Gründung der Waldorfschule (Steiner GA 182, S. 146). Es erscheinen diese Sätze wie eine Vorwegnahme, wie ein Keim dessen, was Rudolf Steiner vor den Waldorfschülern und den Waldorflehrern in den oben zitierten Zusammenkünften aussprach.

Als sich das Lehrerkollegium am 24. Juli 1920 nachmittags zur Konferenz zusammenfand, nahm Rudolf Steiner nochmals Bezug auf seine Worte bei der Schulfeier: «Das ist dasjenige, was ich heute am Schlusse des ersten Schuljahres so lebhaft empfinden musste, was ich mit den ernsten Worten gemeint habe, die ich in Gegenwart der Kinder heute Morgen ausgesprochen habe. Die Kinder werden die Worte nicht verstanden haben, aber das macht nichts. Wir wissen, dass es sich nicht darum handelt, dass nur das herangebracht wird, was die Kinder verstehen, sondern manches, was später in den Seelen der Kinder lichtvoll aufgeht.» (Steiner GA 300a, S. 161) Es wird deutlich, dass Steiner nicht so sehr die Gegenwart, sondern viel mehr die Zukunft der Kinder im Sinne hatte. Rätselhaft mag es erscheinen, warum es gerade die Kinder waren, die Rudolf Steiner auf den in der Waldorfschule erlebbaren Christus-Geist hinwies. Doch er sensibilisierte sie offensichtlich für

Wesentliches im Zusammenhang mit dem, was sie in ihrer Zukunft möglicherweise brauchen würden.

Am 21. August 1919 begann Rudolf Steiner die Arbeit mit einer Danksagung. Und am Ende des Schuljahres stand, wie diese Arbeit umrahmend, wieder ein großer Dank. Nun nicht nur an Emil Molt, sondern an das ganze Lehrerkollegium: «Der Dank, den Herr Molt ausgesprochen hat, der wird auch von mir selbst warm empfunden im Namen desjenigen Geistes, der die Waldorfschule durchdringen soll ... Diejenigen, die sich selbst materialistisch machen, die ihre Seele verlieren, so dass die Zivilisation eine materialistische Zivilisation würde, diejenigen Menschen wären heute noch zu retten, wenn das, was wir hier an Waldorfschulgeist haben, weiter in der Welt verbreitet werden könnte.» (Steiner GA 300a, S. 161f.) Am 21. August 1919 hatte Steiner den Geist der Waldorfschule als die Kraft charakterisiert, die die Menschheit aus der Not zu höheren Stufen der Entwicklung führen solle. Nun wird am Ende des Schuljahrs an Stelle der Not und des Elends die ganze materialistische Zivilisation genannt, die für Rudolf Steiner eine Begräbnisstätte der Kultur bedeutete. Das mögen harte Worte sein. Doch ist diese Perspektive konsequent. Blickt man nur auf die Außenseite des menschlichen Wesens und lässt seine seelisch-geistige Wesenheit weg, so gerät man in menschenunwürdige Zustände.

Bei der Schulgründung und im ersten Schuljahr geht es grundlegend darum, welcher Geist sich mit dem Vorhaben der neuen Schule verbindet, welcher Geist sich inkarniert. Das ist wohl der Hintergrund dafür, warum Rudolf Steiner immer wieder auf den Geist der Waldorfschule zu sprechen kommt. In dieser Hinsicht bilden der Anfang bzw. das erste Schuljahr 1919/20 und das Jahr 1924, als Rudolf Steiner die ersten Zwölftklässler entlässt, eine Klammer; wenig später musste er aus gesundheitlichen Gründen die Leitung der Schule an die Lehrerschaft übergeben. Es fällt auf, dass sich Rudolf Steiner über den Waldorfschulgeist wohl am offensten und direktesten gegenüber den Schülern selbst äußerte. Den Gründen dafür soll nun weiter nachgegangen werden.

10 Geistige Begegnungen – Vielfalt der Kulturen und Religionen

Von Beginn an vermitteln die christologischen Schilderungen Rudolf Steiners ein gewaltiges Bild von Christus als der zentralen Figur der Menschheitsgeschichte. Er bildet den wesenhaften Mittelpunkt der ganzen kosmischen Entwicklung, auf den sich Eingeweihte, Stifter und große Menschheitsführer der alten Kulturen beziehen, um den sie sich gruppieren (vgl. Ravagli 2018, Linde 2019). Rudolf Steiner betonte deshalb, wie schon erwähnt, dass Christus nicht vornehmlich Stifter einer religiösen Lehre gewesen sei, sondern eine makrokosmische Realität. Damit ist der Blick auf eine Seite der Christus-Wesenheit gerichtet, die sich als kosmisches Wesen durch die Taufe mit der irdischen Persönlichkeit des Jesus von Nazareth verbunden hat. Sein Wirken in der Evolution und in Jesus von Nazareth wurde so zur Quelle, aus der Menschheitslehrer schöpften (vgl. z. B. Steiner GA 123, S. 92). Was die christlichen Kirchen verkündigen und zum Gegenstand ihrer Theologie machen, sind, nimmt man diese große Perspektive ein, Formen des Christentums, das die kosmische Seite des Christus-Wesens noch nicht wahrnehmen konnte. So wird das Christentum in der Zukunft noch ganz andere Formen annehmen, als sie sich bisher ausgebildet haben. Steiner schließt sich damit auch der kühnen Ansicht des Kirchenvaters Augustinus an, dass es Christus und sein Wirken bereits vor dem Erscheinen des Christus in Jesus von Nazareth gab und dass z. B. die alten Weisen der Antike bereits Christen waren, ohne sich so zu nennen.[12]

Die Anwesenheit und Wirksamkeit Christi im Makrokosmos verbanden die Menschen früher mit der Sonne. So beschreibt Steiner, wie in den Sonnenkulten und alten Mysterien-Religionen das sich der Erde und seiner Verkörperung nähernde Christus-Wesen verehrt wurde (Steiner GA 136, S. 178ff. und Steiner GA 353, S. 134f.). Steiner löst damit das Wirken Christi aus seiner Bindung an die traditionellen Kirchen. Das gibt den Blick frei auf ein nicht konfessionell gebundenes spirituelles Element, das alle Kulturen und Religionen verbinden kann. Das Christus-Wesen bildet dann wie ein geistiges Kraft-Zentrum, das in die verschiedenen Kulturen und Religionen ausstrahlt. So weist Steiner darauf hin, dass «jede Religion mit gleicher Hingebung zu behandeln, keiner Religion der Vorzug zu geben» sei, wenn man zu ihrem wahren Kern durchdringe (Steiner GA 140, S. 72). Steiners Schilderungen der Geschichte, sein Verständnis von Entwicklung geschahen mit der Zielsetzung einer humanen Zukunft, in der gerade auf religiösem Gebiet nicht nur Toleranz, sondern vor allem

---

12 Augustinus, A.: Retractationes, L. I, Cpt. XIII, 3. (Nach Steiner GA 131, S. 13)

Verständnis für das Fremde unbedingt zu fördern sind. «In positivem Sinne soll es eine Humanitätsidee sein, die auf Grund von einsichtiger Menschenliebe verbindet und nicht bloß auf Grund von Toleranz ... Einsicht adelt den Menschen mehr als Duldung» (Steiner GA 55, S. 16).

Steiners Christologie ist eine sich seit 1902 entwickelnde Forschungsbewegung. Sie bekommt in den Jahren 1909/1910 eine ganz neue Perspektive. Während Steiner noch 1908 davon spricht, dass es erst nach gründlicher Vorbereitung durch die Geisteswissenschaft in der sechsten Kulturepoche für immer mehr Menschen neue Formen der Begegnung mit dem auferstandenen Christus in ätherischer Gestalt geben werde (Steiner GA 103, S. 213), stellte er – wohl zu seiner eigenen Überraschung – 1909 fest, dass der Christus-Geist den menschlichen Seelen bereits so nahe stehe, dass in diesen Jahren bereits eine neue Phase des Christentums einsetze: «Und es ist heute möglich, wenn es nur gesucht wird, dem Christus ganz nahe zu sein, den Christus in ganz anderer Art zu finden, als ihn frühere Zeiten gefunden haben» (Steiner GA 175, S. 34). Seine geistige Erfahrung lehrte Rudolf Steiner, dass einzelne Menschen in außerordentlichen existenziellen Situationen oder aufgrund ihrer besonderen Vorbereitung und Sensibilisierung Christus in inneren Schauungen begegnen können. Solche Begegnungen seien ab 1909/1910 möglich geworden und würden – so Rudolf Steiner – insbesondere in den 30er und 40er Jahren des 20. Jahrhunderts zunehmen. Aufgrund dieser Erfahrung werde «eine genügende Anzahl Menschen auf Erden keine Evangelien oder andere Urkunden mehr brauchen werden, weil sie in der Seele den Christus gesehen haben werden» (Steiner GA 130, S. 49). Trotzdem werden die Evangelien eine sehr große Bedeutung für die spirituelle Entwicklung des Menschen behalten. Steiner hat jedem Evangelium mindestens einen Vortragskurs gewidmet, in dem er dieses aus der geisteswissenschaftlichen Forschung heraus beleuchtete. Es ging ihm um ein vertieftes Evangelienverständnis, ja um die Weiterentwicklung dessen, was in den Evangelien gegeben ist.

Mit eindringlichen Schilderungen von der Anwesenheit des Christus im Ätherischen und seinem Sichtbarwerden in ätherischer Gestalt – also in einer besonderen Qualität des lichthaften, gedanklichen Elements übersinnlichen Schauens – für Menschen ab 1910 bekommt die Christus-Wesenheit einen deutlich stärkeren menschlich-persönlichen Charakter: «Denn der Christus wird dem Menschen an die Seite treten und sein Rater werden. Nicht als Bild allein ist das gemeint, sondern in Wirklichkeit werden die Menschen die Ratschläge, die sie brauchen, von dem lebenden Christus empfangen, der ihnen Berater und Freund sein wird ...» (Steiner GA 152, S. 91). Steiner schildert im Jahre 1917 eine Zukunft, in der «die Menschenseele den Christus als sie liebenden Genossen im Einzelfalle des Lebens neben sich sieht und nicht nur Trost, nicht nur Kraft bekommt von der Christus-Wesenheit, sondern auch Auskunft bekommt über dasjenige, was geschehen soll [...].» Der Mensch kann sich an Christus mit Fragen wenden «für alle Einzelheiten des Lebens [...] Er wird antworten, ja er wird antworten!» (Steiner GA 175, S. 32ff., ähnlich auch in Steiner GA 193, S. 55) Hörbar wird er werden, sichtbar «in Visionen», man «kann gewissermaßen in ein unmittelbar persönliches Verhältnis zu ihm treten.»

(Steiner GA 184, S. 310) Das erinnert an die Worte, die Steiner zu den Zwölftklässlern sprach.

Das weiter oben angeführte Gedicht von J. R. Jiménez stammt aus der Zeit des Ersten Weltkriegs. Die dem Gedicht zugrundeliegenden Erlebnisse oder biographischen Umstände sind nicht bekannt. Der bedeutende tschechische Pädagoge und Pazifist Premysl Pitter, der für seinen Einsatz für die tschechischen, jüdischen und deutschen Waisenkinder im Jahre 1973 mit dem Bundesverdienstkreuz der Bundesrepublik Deutschland ausgezeichnet wurde, berichtet von einem Erlebnis, das sein Leben veränderte. Er war als einfacher Soldat an der südlichen Front eingesetzt. (Pitter 2017, S. 18) Die Erlebnisse dort sind für ihn so erschütternd und bringen ihn an die Grenze der Verzweiflung und des Zusammenbruchs. Er erkrankt; im Traum sieht er sich selbst als Soldat im Graben mit Gewehr und Bajonett. Er sieht einen anderen, der auf ihn zielt, jedoch nicht schießt. Als er ihn genauer anschaut, merkt er, dass dieser auf ihn zukommt, ein weißes Kleid anhat und auf dem Kopf eine Dornenkrone trägt. Erschüttert wacht er auf; der Traum lässt ihn nicht los. Bald darauf verschlimmert sich seine Erkrankung. Was er in fieberhaften Zuständen erlebte, schildert er später so: «[Da] erlebe ich meine bisherige Biographie mit Einzelheiten, die ich längst vergessen habe. Aber ich erlebe auch selige Augenblicke, in denen man sich aus den Fesseln der Zeit und des Leibes löst und es offenbaren sich Dinge, die nicht ausgesprochen werden können.» Er verlässt aufgrund dieser Erlebnisse mit Christus den Krieg in der Überzeugung, dass sein Leben, das ihm geschenkt wurde, fortan nicht mehr ihm selbst gehört, und er sucht nach etwas Übergeordnetem, womit er sein Leben verbinden kann. Er wird Pädagoge und rettet u. a. mutig im und nach dem Zweiten Weltkrieg das Leben vieler jüdischer und deutscher Waisenkinder. Ob Pitter in seinem Traum eine reale Begegnung mit dem Christus «im Ätherischen» gehabt hat, ist schwer zu beantworten. Auf jeden Fall hat dadurch sein Leben eine ganz neue Wendung genommen, er hat sich energisch dem Pazifismus angeschlossen wie auch der Erziehungsarbeit für die Bedürftigsten.

Der Dichter Paul Celan gehört wohl auch zu den Menschen, die dieses stille, helfende göttliche Wesen kannten und es aus einer innigen Nähe beschreiben konnten:

> «Einmal
> da hörte ich ihn,
> da wusch er die Welt,
> ungesehn, nachtlang,
> wirklich.
> Eins und Unendlich,
> vernichtet,
> ichten.
> Licht war. Rettung.»
> (Celan 1967)

In den letzten Jahrzehnten haben Beschreibungen und Berichte von einer Begegnung mit Christus als Lichtwesen, das in schweren Stunden oder in Todesnähe den Menschen sichtbar wird und hilft, zugenommen (Ritchie/Sherill 1986, Garvelmann 1994, Eben 2013).

11 Die neue Generation und ihre Fähigkeiten

Die neue Begegnungsmöglichkeit mit Christus im Ätherischen seit 1910 ereignete sich vor dem Hintergrund eines sehr bedeutsamen Wendepunktes in der Menschheitsgeschichte, den Rudolf Steiner aufgrund seiner spirituellen Geschichtsforschung mit dem Jahre 1899 bezeichnet. Zu dieser Zeit endete das sogenannte «finstere Zeitalter», eine Zeit der materialistischen Verdunkelung der Menschenseelen, die in Anlehnung an ältere theosophische Quellen und noch ältere hinduistische Wurzeln «Kali Yuga» genannt werden kann. Nach 5.000 Jahren war das finstere Zeitalter 1899 beendet und mit dem neuen Jahrhundert hatte ein lichtes (goldenes) Zeitalter, das «Krita Yuga», begonnen. In dem lichten Zeitalter kann sich zunehmend eine neue Nähe der Menschenseelen zur geistigen Welt entwickeln, die mit einem sich wandelnden Bewusstsein einhergeht. Das neue Bewusstsein, das sensibler und offener für spirituelle Aspekte der Wirklichkeit werden kann, hängt auch damit zusammen, dass sich die feste Bindung des Ätherleibes an den physischen Leib zu lockern beginnt. Insbesondere im Kopfbereich löst sich der Ätherleib vom physischen Leib. Das Wahrnehmungs- und Denkvermögen wandelt sich dadurch, es wird subtiler, feiner, leichter und gleichzeitig lebendiger. Die Wahrnehmung der äußeren Welt wird infolgedessen transparenter, durchlässiger für die geistige Wirklichkeit: «Es wird in den nächsten Jahrzehnten so kommen, daß einige Menschen sagen werden, sie sehen die Menschen ja ganz anders. Die Wissenschaft wird ihnen nicht mehr genügen.» (Steiner GA 118, S. 193) Rudolf Steiner beschreibt dieses Phänomen auch als ein neues natürliches Hellsehen, das sich ab 1910 immer mehr entwickeln werde.

Als eine erste Folge betrachtete er das neu erwachende Interesse an der Natur in der nach der Jahrhundertwende entstehenden Jugend- und Wandervogelbewegung. Die Natur ist voller Geist, so empfanden die Mitglieder der Wandervogelbewegung, sie spürten und ahnten ihn. Auch in der Begegnung mit dem anderen Menschen erlebte man den Geist. Die spirituellen Fähigkeiten und die Sehnsucht nach dem Geist artikulierten sich in den neuen Lebensformen der Jugendbewegung. Rudolf Steiner griff Fragen dieser Generation auf und gab aus der neuen Situation des lichten Zeitalters heraus Anregungen für eine spezifisch anthroposophische Jugendarbeit. Er berief die Oberstufenlehrerin der Stuttgarter Waldorfschule Maria Röschl ans Goetheanum, um diese Jugendarbeit in einer Sektion für das Geistesstreben der Jugend innerhalb der Freien Hochschule für Geisteswissenschaft, dem Goetheanum in Dornach/Schweiz, zu impulsieren. Er wies erschütternd prophetisch auf die Mitte der dreißiger Jahre unseres Jahrhunderts, ungefähr in der Zeit zwischen 1930 und 1940 hin. Die Jahre 1933, 1935 und 1937 würden besonders wichtig sein, so erzählte er den Jugendlichen damals. Es würden sich ganz besondere Fähigkeiten als natürliche Anlagen zeigen. In dieser Zeit würden große Veränderungen innerhalb der Kultur und Zivilisation vor sich gehen und die Prophezeiungen der biblischen Urkunden würden sich erfüllen. «Da wird sich», so Rudolf Steiner, «alles für die Seelen verändern, die auf der Erde weilen [...]» (Steiner GA 118, S. 25, vgl. auch Steiner GA 211, S. 202)

Die Wandervogelbewegung mit ihren Idealen und dem Symbol eines zum Flug ansetzenden Kranichs wurde sowohl durch den Ersten Weltkrieg massiv dezimiert wie auch durch die Eingliederung in die nationalsozialistische Hitlerjugend irregeleitet, verführt und zuletzt gelähmt. Erst die Friedens- und Umweltbewegung der 60er Jahre des 20. Jahrhunderts konnte wieder an die Ideale und die Stimmung der ersten Generation des 20. Jahrhunderts anknüpfen. (Haid 2001, Breyvogel 2005)

Im Jahre 1976 hat eine Gruppe von Ehemaligen aus verschiedenen Waldorfschulen die weltweit tätige Hilfsorganisation «Freunde der Erziehungskunst Rudolf Steiners e. V.» gegründet, die die Initiativen eines freien Bildungswesens und Einrichtungen, die auf Grundlage der Waldorfpädagogik arbeiten, fördert. Die Freunde der Erziehungskunst unterstützen pädagogische Arbeit weltweit mit Spenden, aber auch mit Rat, Netzwerkbildung, Mentoren etc. Seit 1993 vermittelt der Verein ca. 1.700 Freiwillige (Jugendliche) pro Jahr ins In- und Ausland. Seit 2001 haben die Freunde auch als Stiftung eine offizielle Beziehung zur UNESCO. Im Schoße der Freunde der Erziehungskunst Rudolf Steiners ist seit 2006 eine ganze Bewegung von notfallpädagogischen Einsätzen in Kriegs- und Katastrophengebieten entstanden. Die Notfallpädagogik dient der psychosozialen Stabilisierung von Kindern und Jugendlichen, die traumatisierenden Erlebnissen ausgesetzt wurden. Mit waldorfpädagogischen, erlebnispädagogischen Methoden und kunst- wie auch psychotherapeutischen und verwandten Therapieformen werden Kinder, Jugendliche wie auch Erwachsenen dabei unterstützt, ihre traumatischen Erfahrungen zu verarbeiten und zu überwinden. Die Geburtsstunde der Notfallpädagogik geht auf eine Begegnung mit kriegstraumatisierten Kindern im Kontext des Libanon-Krieges im Jahr 2006 zurück. Zwischen 2006 und 2016 wurden etwa 50 notfallpädagogische Akut-Interventionen in aller Welt geleitet: nach Naturkatastrophen, Kriegen und Bürgerkriegen sowie nach Terroranschlägen. Inzwischen ist aus der Arbeit in Karlsruhe ein eigenständiger Verein «Notfallpädagogik ohne Grenzen» mit einem Team von Mitarbeitern entstanden und von dort aus werden die zahlreichen Interventionen weltweit koordiniert. Größtenteils sind diese Initiativen auf die Initiative der ehemaligen Waldorfschüler zurückzuführen, die sie bis heute leiten.

Das ist vielleicht ein besonders herausragendes Beispiel dafür, wie sich in den Waldorfschülern eine initiative idealistische Weltbeziehung zeigt. Unter den Waldorfschulabsolventen findet sich ebenfalls eine auffällig große Anzahl von Künstlern und Menschen, die einen sozialen Beruf ergreifen. Empirische Untersuchungen bescheinigen den Waldorfschulabsolventen auch ein besonders hohes ehrenamtliches Engagement.

12 Eine neue Pädagogik für die neue Generation

Im Kontext der starken bewusstseinsmäßigen Wandlungen stehen, entsprechend den Forschungen Rudolf Steiners, die Begegnungen mit dem Christus im Ätherischen: «[...] noch bevor die erste Hälfte unseres Jahrhunderts abgelaufen sein wird, wird bei vielen Menschen sich wie auf natürliche Art jene Fähigkeit entwickeln, durch die sie das Ereignis von Damaskus zu einer persönlichen Erfahrung machen und den Christus in seinem Ätherleib schauen werden» (Steiner GA 116, S. 95).

Es wurde bisher wenig beachtet, dass Rudolf Steiner

nicht nur in seinen Vorträgen und Schriften auf die spirituellen Veränderungen im Laufe des 20. Jahrhunderts mündlich und schriftlich hingewiesen hat, sondern dass er die Gründung der Waldorfschule auch in einem unmittelbaren Zusammenhang mit diesen Veränderungen sah. Er war überzeugt, dass die junge Generation, die den entscheidenden 30er und 40er Jahren des 20. Jahrhunderts entgegenlebte, eine neue Pädagogik brauche. Eine Pädagogik, die die Gesetzmäßigkeiten in der Entfaltung der Wesensglieder kennt und beachtet und dadurch auch die Konstitution der jungen Menschen, der Kinder des neuen lichten Zeitalters, entsprechend «ordnet» und ihnen die für sie nötigen Wirkungsvoraussetzungen ermöglicht. So sagt er bereits zwei Jahre vor der Waldorfschulgründung hinsichtlich der sich vom physischen Leib lockernden, mehr geistigen Wesensglieder: «Die Kinder, wie sie heute ins Leben treten, wir müssen sie ja so betrachten, dass wir eigentlich wissen: Es ist ein vertrocknendes, ein sich zersplitterndes Äußeres, wie ich es in diesen Tagen auseinandergesetzt habe; aber tief im Innern ist etwas, was erst der wahre Mensch ist, was sich nicht mehr so wie bis ins 15. Jahrhundert herein im Äußeren zum Ausdruck bringt» (Steiner GA 177, S. 115). Die Waldorfpädagogik ist mit den Phänomenen der übersinnlichen Wesensglieder des Menschen vertraut, fördert sie, ermöglicht die entsprechenden Entwicklungsbedingungen und begünstigt damit das Auftreten-Können von neuen Kräften oder sogar auch Fähigkeiten. Ihr besonderes Augenmerk gilt all dem, was den Ätherleib belebt und in Bewegung versetzt. Das geschieht durch die vielfältigen pädagogischen Formen und Methoden der Waldorfpädagogik: das rhythmisch gestaltete Schulleben mit regelmäßig komponierten Epochen, durch die Jahresfeste, durch das anregende Einwirken auf die Fantasiekräfte beim Erzählen von Geschichten, durch den freien Religionsunterricht, durch die vielfältige künstlerische Arbeit, durch die neuen Bewegungskünste der Eurythmie und der Bothmer-Gymnastik und durch anderes mehr.

Spätestens am Ende des 20. und am Anfang des 21. Jahrhunderts sind sich die Experten einig, dass es in der Pädagogik längst nicht mehr um die Vermittlung einer Informationsfülle, um reproduzierbares abfragbares Wissen gehen kann, sondern viel eher um die Fähigkeiten wie Kreativität, Kommunikation, Zusammenarbeit, Urteilsfähigkeit und kritisches Denken. Die wichtigste Fähigkeit scheint zu sein, mit Fremdheit, Neuerungen, Veränderungen und Verunsicherungen umgehen, neue Dinge ein Leben lang dazulernen und in unvertrauten, vielleicht auch in krisenhaften Situationen das seelische Gleichgewicht wahren zu können. Um mit der beschleunigten, sich rasant verändernden technisch geprägten Welt zurechtzukommen, müssen wir lernen, mit Stress umgehen, uns selbst kennen und leiten oder sogar uns selbst immer wieder neu erfinden zu können. Geistige Lebendigkeit und Flexibilität wie auch seelische Robustheit und Ausgeglichenheit (Resilienz) sind wohl die wesentlichen Qualitäten, um die es in der Bildung der Zukunft gehen wird.

Vor dem Hintergrund der «unvorhersehbaren Zukunft» und der aktuellen pädagogischen Diskurse sind die pädagogischen Ziele der Waldorfpädagogik durchaus hoch aktuell. Die Waldorfpädagogik strebt eine allgemeine umfassende qualitative Bildung an in kognitiver, emotionaler, motorischer, sozialer und kreativer Hinsicht. Diese Bildung möchte eine seelisch-geistige

Beweglichkeit und gleichzeitig Selbstsicherheit und -vertrauen vermitteln.

Hier sei noch einmal der Blick auf die Anfangszeit zurückgewendet und die neue Art der Pädagogik an einem eindrücklichen Beispiel gezeigt. Im November 1920 fand ein ganz kurzes Konferenzgespräch statt, in dem es um ein erstes Lesebuch ging, das Leonie von Mirbach vorbereitet hatte. Rudolf Steiner würdigte die Auswahl der Texte und kommentierte das Lesebuch als «eine Probe des Geistes, der in der Waldorfschule waltet» (Steiner GA 300a, S. 310). Das lenkt den Blick auf den Umgang mit dem Schreiben- und Lesenlernen in der Waldorfschule, der in einem unmittelbaren Zusammenhang mit der Thematik des Geistes der Waldorfpädagogik steht. Rudolf Steiner entwickelte eine künstlerisch-imaginative Methode, Schreiben und Lesen zu lernen (des Schriftspracherwerbs). Diese besteht in der direkten Anbindung der Schrift an die bildhaften Qualitäten der gesprochenen Laute, in der Verstärkung eines aktiv-kreativen Ansatzes bei der Einführung der Handschrift durch ein künstlerisches Formenzeichnen (Vorstufe einer Kalligraphie) und in der Pflege eines durch die Schuljahre methodisch immer neu impulsierten Schönschreibens. Hier werden die einzelnen Buchstaben aus Bildern, in denen der Buchstabe zunächst inhaltlich und gestalterisch integriert ist, langsam herausgelöst. So dass das Kind den Abstraktionsprozess selbst mitvollziehen kann, indem es von der inhaltlichen Anbindung des Buchstabens an die Wirklichkeit ausgeht. Das ist für das Weltverhältnis außerordentlich entscheidend, denn es wird die Abstraktion nicht durch Sprung erreicht, sondern stufenweise, so dass der Schüler den Bezug zur Wirklichkeit mitvollziehen kann. So kann die gefühlsmäßige, empathische Beziehung zur Welt mitgehen und wird nicht künstlich abgetrennt. Dies wird dann in der Methode des künstlerischen Formenzeichnens und Schönschreibens weitergeführt. Hier geht es nun mehr auf der Ebene der Formgestaltung um die Verlebendigung des Denkens und der Feinmotorik (vgl. Steiner GA 143, 17f.). Bringt man diesen Prozess mit der Pädagogik vor dem Beginn des 20. Jahrhunderts in Beziehung, so wird deutlich, dass das «finstere Zeitalter» vorwiegend an die bildlose kognitive Seite des Menschen appelliert, das 1899 ansetzende «lichte Zeitalter» erfordert Rudolf Steiner zufolge hingegen die pädagogische Pflege der bildhaften und fantasievollen Seite des Menschen (Steiner GA 293, S. 42f.), um damit eine andere Verbindung zur Wirklichkeit zu ermöglichen. Die Waldorfpädagogik ist eine Pädagogik für das Zeitalter, das «aus dem bloß physisch-sinnlichen Anschauen» herausführt und ein neues imaginatives Bewusstsein fördert. Der Umgang mit der Schrift ist vielleicht auch das erste und grundlegendste Beispiel, an dem Rudolf Steiner diesen Zusammenhang den ersten Lehrern deutlich machte. Es zeigt sich, dass hier neben der rein inhaltlichen Seite auch eine Fähigkeit erübt wird, die Formen und Bilder erzeugen kann. Sie ermöglicht eine erhöhte Kreativität und befähigt, in größeren und in sich beweglichen Zusammenhängen zu denken.

Die Anthroposophie regt die Fantasie der Pädagogen an, um tiefere Gemütsschichten der Kinder zu erreichen. Die Erinnerungen an die Schulzeit, die frisch, glücklich und gesund machen, werden in der Zukunft wichtiger sein als alles Wissen und alle rationalen Kenntnisse, wobei diese natürlich nicht geringzuschätzen sind. Nachhaltiger allerdings sind die oben beschriebenen tieferen Schichten, die in der Erinnerung fortwirken. Die schulischen Tätigkeiten und Erlebnisse werden – so Rudolf Steiner im Jahre 1917 – die Aufgabe haben, den Menschen nicht abstrakt und innerlich dürr werden zu lassen, sondern ihn in seiner weiteren Biographie zu erfrischen: «Wir nähern uns immer mehr der Zeit, in der die Menschen während ihres ganzen Lebens immer mehr und mehr Erinnerungen an ihre Jugendzeit brauchen werden, Erinnerungen, die sie gerne haben, Erinnerungen, die sie glücklich machen» (Steiner GA 177, S. 191).

Es war Steiner offensichtlich immer deutlich, dass die zarten neuen Fähigkeiten durch den theoretischen und praktischen Materialismus in die Gefahr kommen, sich nicht zeigen und entfalten zu können. Er wies z. B. darauf hin, dass Kinder, die bereits vor dem Ersten Weltkrieg geboren wurden, zur Welt kommen mit einem «[...] melancholischen Anflug über den Gesichtern, der deutlich zu bemerken ist für denjenigen, der so etwas bemerken kann. Und ich habe gesagt: Das rührt davon her, dass die Seelen heute nicht gern heruntergehen in die von Materialismus erfüllte Welt» (Steiner GA 296, S. 94). Herbert Hahn berichtete von einer Veranstaltung im Vorfeld der Gründung der Waldorfschule, in der Rudolf Steiner sehr dramatisch auf die Zukunft der jungen Generation einging: «Inmitten von Ausführungen, die auf nahende Menschheitskatastrophen wiesen, erhob er plötzlich die Arme. Und mit erschütterndem Nachdruck und tief ergreifendem, innigem Ernst rief er aus: ‹Kinder der Zukunft! Derjenige, der sehen kann, welch furchtbaren Zeiten ihr entgegengeht, der möchte eine Welt in Bewegung setzen, um euch zu bewahren, euch zu schützen!›» (Hahn 1979, S. 247)

Für Steiner waren die Waldorfschule und ihre Pädagogik mit der Hoffnung verbunden, dass die neuen Fähigkeiten berücksichtigt werden, die eine Begegnung mit dem Christus im Ätherischen ermöglichen, denn vor Steiners innerem Auge standen Zeiten, in denen der Mensch ohne die Hilfe höherer Wesen kaum bestehen könnte: «Da werden die Zeiten kommen, wo die Menschen, sagen wir, sich durch das oder jenes betrübt und elend fühlen werden. [...] Dafür aber wird der große Ratgeber als Äthergestalt da und dort erscheinen» (Steiner GA 131, 167ff.). Die Schule sollte zu einem Ort werden, an dem sich die Lehrer in allen Aspekten des Lebens diesem neu erlebbaren Christus-Geist verbunden fühlten. Sie sollte zu einem Ort der Begegnung mit der spirituellen Essenz und Tiefe der Waldorfpädagogik und ihrem Geist, die durch das Christus-Wesen vertieft wurde, werden, so dass dieser die Schüler auch nach dem Verlassen der Schule weiterhin begleiten und in ihrem Leben nie verlassen möge. Die Schul-Erlebnisse, aller Unterricht und das Verhältnis der Menschen zueinander sollten u. a. auch das Ziel haben, bei den Schülern «ungefähr zwischen dem siebenten und vierzehnten Jahre ... den lebendigen Christus innerlich zu beleben» (Steiner GA 304a, S. 86), auf dass sie sich später «ein Verständnis für diesen lebendigen Christus erwerben» könnten. In der Schule sollte und möge die «Christus-Kraft» wirken als «belebende Kraft» (ebenda, S. 88) für das ganze pädagogische und soziale Leben.

Am 21. März 1921 wird das erste Mal die von Steiner für die Schüler des freien Religionsunterrichts gegebene Jugendfeier gehalten. Sie ist der Konfirmation vergleichbar. Die Jugendfeier betrifft die Schüler, deren Eltern den freien Religionsunterricht für ihre Kinder gewählt haben, der ohne konfessionelle Bindung einen Zugang zum religiösen Leben im menschheitlichen Sinne ermöglicht, wie das eingangs im Hinblick auf das Verständnis des Christus-Wesens entwickelt wurde. An einer Stelle des Ritual-Textes dieser Jugendfeier, die die Schüler ein Jahr lang besuchen können, wird das Anliegen der Waldorfschule hinsichtlich des neuartigen Verständnisses und der Erfahrung des Christus ausgesprochen:

> «Den Christus, der gestorben ist,
> auf dass die Menschenseelen leben können,
> wollten euch weisen eure Lehrer, auf dass er sei:
> das Licht in eurer Seele,
> der Führer auf euren Lebenswegen,
> der Spender der Daseinsfreuden,
> der Tröster im Daseinsleide.»
> (Steiner GA 269, S. 33)

Treffender kann das Anliegen dessen, was die Waldorfschule in ihren innerlichen Quellen versucht, nicht zusammengefasst werden. Ein wichtigstes Bemühen der Lehrer sollte und möge es im Sinne dieser Worte bis heute sein, den Christus in den Seelen der Schüler durch das, was sie in der Schule erfahren, lebendig erlebbar zu machen.[13] Das kann freilich nur eine freiwillige

---

13 Es wird noch einmal deutlich darauf hingewiesen, dass es sich bei Steiners Sicht nicht um ein konfessionelles Christusverständnis handelt, sondern um den Hinweis auf eine real erfahrbare geistige Tatsache unabhängig von jeder Konfession. Sie gilt für den Muslim genauso wie für einen Hindu oder einen evangelischen Christen, genauso wie das Erdmagnetfeld für alle Menschen vorhanden ist, egal wo auf der Erde sie sich befinden. Freilich ist es eine Herausforderung, den traditionell so geprägten Namen des Christus in diesem Sinne neu zu denken.

Intention sein, die jeder Waldorflehrer auf seine Weise aufgreifen kann. Solche infolge einer darart gepflegten inneren Ausrichtung der Lehrer möglichen Erfahrungen können künftig zu biographischen Erlebnissen mit dem Christus werden. Sie können sensibel machen für die späteren Begegnungen mit ihm, die die Seele aufrichten und stärken, ihr Orientierung geben können. Dafür kann ein im Geiste der Waldorfschule intendierter Unterricht der ermöglichende Grund sein.

Am 10. April 1924 bekräftigte Rudolf Steiner, was die Schüler in der Schule erlebt haben mögen, in dem Spruch, den er den ersten Zwölftklässlern am Ende des Gesprächs übergab:

> «In den Weiten der Lebenswege
> Soll sich spiegeln,
> Was im lieben Jugendhause
> Wie das Siegel
> Echten Menschenwesens
> In das Herz sich geprägt.
> In der Tiefe der Erinnerung
> Soll sich stark erweisen,
> Was die Seele durfte finden
> In Herzenskreisen –
> Durch die Geistesführerschaft,
> In den Kräften
> Lieber Lebensführung.»
> (Steiner GA 269, S. 209)

Den Schülern, die damals die Waldorfschule verließen, sollte möglich sein, «in den Weiten der Lebenswege» sich immer wieder das zu vergegenwärtigen, was sie als eine Art menschliche Essenz in sich trugen, was sie im Umgang mit den Lehrern («durch die Geistesführerschaft, in den Kräften lieber Lebensführung») und mit den Mitschülern («in Herzenskreisen») erlebt, was sie als «Siegel echten Menschenwesens» mitgenommen hatten. Es war die Liebe, die sie durch die Schulzeit hindurchgeführt hatte, und es war das Herz, das als Organ für diese Erlebnisse empfänglich ist.

13 Zum Abschluss: Das Erüben des liebevollen pädagogischen Blicks

Wie spärlich und andeutend einerseits, wie gewichtig und erschütternd andererseits die skizzierten Äußerungen Rudolf Steiners über den Geist dessen, was in der Waldorfschule leben sollte, sind, sie zeigen uns – im Lichte der geisteswissenschaftlichen Zusammenhänge – eine tiefgründige geist-realistische Perspektive des Schul- und Kindergartenlebens auf, im Sinne eines gemeinsam zu verwirklichenden, begeisternden Ideals, das heute von ebenso großer Aktualität ist wie damals: Im pädagogischen zwischenmenschlichen Miteinander, in der Atmosphäre des Kindergartens und der Schule kann und soll der Geist, der das Allgemein-Menschliche repräsentiert, erlebbar werden! Rudolf Steiner war zuversichtlich, dass das in der Schule Erlebte dann die Absolventen über die Schulzeit hinaus biographisch begleiten und für wesentlichste spirituelle und moralische Erlebnisse sensibilisieren würde. Die Schule will ein Mit-Leben mit dem Geist der Menschlichkeit, dem Geist der Menschheit anlegen, der sich zart im Ätherisch-Geistigen den Menschen kundtut und offenbart. Wie viele Waldorfschul-Absolventen haben wohl solche spirituellen Erlebnisse gehabt? Gibt es Menschen, die durch ihre Schul-Erlebnisse auf spätere Begegnungen mit dem Christus-Wesen vorbereitet wurden?

Mit neuen Augen, neuen Fragen und Erlebnissen können wir vor dem Hintergrund dieser Tatsachen unseren pädagogischen Alltag betrachten. Stellen wir als Pädagogen diesen Anspruch an unsere Arbeit, tragen wir dies als innerliches Ideal in uns im Umgang mit den Kindern und Schülern? Es kann unsere pädagogische Arbeit durch dieses Wissen verwandelt werden, so dass mehr und mehr Menschlichkeit und selbstlose Menschenliebe den Alltag durchwirken. Das Miteinander der Schüler, der Kollegen, der Schuleltern und aller anderen Akteure des Schullebens kann durch die Besinnung auf diese Ur-Intentionen empathischer, interessierter, verständnis-, freude- und liebevoller, kurz: menschlicher werden. Ein solches Miteinander kann ein Ideal, ein geistiger Maßstab und eine innere Stütze in den Auseinandersetzungen mit den aktuellen technischen, sozialen und politischen Herausforderungen werden.

Unser Umgehen mit der Anthroposophie – nicht im Sinne einer Doktrin und einer Weltanschauung, sondern eines Übungsweges – wird uns zum wesentlichsten Mittel, das Christus-Wesen immer umfassender und tiefer zu verstehen und konkreter zu erleben, um uns mit Demut und Würde zu erfüllen und dadurch menschlicher zu machen.

Es gehört zu der besonderen alltäglichen Erfahrung von denjenigen, die sich mit der Anthroposophie befassen, dass dieser Umgang stark individuell und auch sehr vielfältig ist und sein muss. Bereits von Rudolf Steiner selbst liegen nicht nur einer, sondern mehrere Versuche vor, die Anthroposophie als Erkenntnis- und Übungsweg systematisch darzustellen. In seinen zahlreichen mündlichen Darstellungen hat er aber auch eine solche kaum überschaubare Fülle von so unterschiedlichen Übungsansätzen und -anregungen eingefügt, dass sie sich in ein festes System nicht einfangen lassen. Dieser Umstand passt gut zu der Regel dazu, dass der anthroposophische Erkenntnisweg nur in einer vollkommenen Freiheit zu betreten und zu gehen ist. Im Weiteren soll ein Aspekt von vielen beschrieben werden, der im pädagogischen Kontext der Thematik eine Schlüsselstellung hat. Wie wirkt sich das Studium der Anthroposophie, das verstehende und erlebende Aufnehmen der anthroposophischen Darstellungen aus?

Viele Waldorflehrer kennen die schöne Erfahrung, dass sich ehemalige Waldorfschüler freuen, zu besonderen festlichen öffentlichen Anlässen immer wieder an «ihre» Schule zurückzukommen. In Tschechien endete über mehrere Jahre der Waldorfschul-Besuch für Schüler bereits nach der neunten Klasse, und die Schüler mussten sich an ganz verschiedene staatliche weiterführende Schulen verteilen. In Gesprächen haben sie oft vor dem Hintergrund der Erfahrungen in anderen Schulen berichtet, dass sie das besondere Klima der Waldorfschule und den besonderen Blick der Waldorflehrer schätzen: «Hier wurden wir wirklich als Menschen wahrgenommen», hieß es dann immer wieder. Man kann sich fragen, wie diese positiven Erlebnisse mit der spezifischen Kinder- und Menschenwahrnehmung der Waldorfpädagogen zusammenhängen.

Ein erster Aspekt des zu erübenden Blicks des Pädagogen kann sein, ihn einerseits zu schärfen, auf scheinbar unbedeutende Einzelheiten zu richten. Wie schreitet ein Kind? Wie hält es den Stift? Wie ist sein Händedruck? Wie akzentuiert es seine Worte? Wie blickt es? Was macht bei ihm seine Eigenart aus? Jedes Detail sagt etwas auch über das Ganze, über das Wesen, ist «wesen-tlich». Das Wesen spricht sich darin aus. Es geht also um präzise ruhige Beobachtung, fast wie bei einem Sherlock Holmes. Jedoch darf dieser präzise Blick nie bloß die kalte distanziert-analysierende Beobachter-Perspektive einnehmen und mit einem kombinierenden Verstand verknüpft werden. Vielleicht noch mehr als bei Holmes können wir von diesem Interesse an dem Reichtum des Lebens bei dem Naturwissenschaftler und Dichter Johann Wolfgang von Goethe, bei dem Entomologen Henry Fabre, bei einem Albert Schweitzer lernen. Es war die Fähigkeit einer umfassenden Lebensnähe und eines fast programmatischen Interesses am Detail, einer Ehrfurcht vor dem Reichtum des Lebens, vor dem Kleinsten.

Damit kommen wir zu einem anderen Aspekt des zu erübenden Blickes des Pädagogen. Sein Blick sollte immer in eine warme, liebevolle, seelisch-geistige Stimmung eingetaucht sein. Einfühlsam beschreibt der polnische Arzt und Erzieher Janusz Korczak diesen Aspekt: «Ich liebkose diese Kinder mit meinen Blicken, mit meinen Gedanken und der Frage: wer seid ihr, wunderbares Geheimnis, und was birgt sich in euch? ... Ich küsse sie so, wie ein Astronom einen Stern küsst, der war, der ist und der sein wird. Dieser Kuss sollte die Mitte halten zwischen der Ekstase des Gelehrten und einem demütigen Gebet.» (Korczak 1987, S. 36) Ein solcher Blick ist durchdrungen von der Seele, von dem Geist, von der Liebe, der Bewunderung und der Ehrfurcht. Es ist kein definierender Blick, kein antwortender Blick, sondern ein fragender, empfangender und ent-rätselnder

Blick. Es ist eine schwere Übung, sich zu fragen, ob ich mit meinem Blick ein Kind als eine rätselhafte und zu lösende Erscheinung auffassen kann.

Die wichtigsten Fragen, die meinen Blick auf das Kind innerlich begleiten, lauten also: Wer bist Du? Was bringst Du mit? Wie kann ich Dir helfen? Es ist ein einfühlsamer Blick in Richtung des Lebensanfangs und der Geburt oder sogar noch des Daseins, das der Geburt vorausgeht. Novalis schreibt, dass die Geburt des Kindes eine irdische Spiegelung des Todes jenseits der Schwelle der Geburt, in der Welt des Geistes sei. Der Mensch beginnt seine Entwicklung nicht auf der Erde als unbeschriebenes Blatt und tabula rasa (John Locke), sondern er bringt bereits Anlagen, Begabungen, Eigenart mit. Der Blick in die Vorgeburtlichkeit oder in die Ungeborenheit «wird unserem Erziehungs- und Unterrichtswesen allein die richtige Stimmung geben», und zwar nicht eine egoistische, sondern eine selbstlose. Das Bild der Geburt ist dabei ein zentrales. Das Bild der wiederholten Geburten in einem Leben, nicht im Sinne der Reinkarnation, sondern die Entwicklungsschritte des Kindes und des Jugendlichen, die Entwicklungsschritte der eigentlichen Geburt – der Geburt des physischen Leibes, die Entwicklungsschritte des Zahnwechsels – der Geburt des Ätherleibes, der Atemreife um das neunte/zehnte Lebensjahr, der Geschlechts- oder Erdenreife – Geburt des Astralleibes, Entwicklungsschritte der Mündigkeit – Geburt des Ich. Überall tritt das Bild der Geburt auf. Was ist eigentlich die Geburt? Aus dem Gebundenen, Unselbstständigen und aus dem Dunklen, Verborgenen und Verhüllten kommt hier etwas zum Durchbruch, zur Erscheinung, etwas verselbstständigt sich und emanzipiert sich, tritt der Außenwelt gegenüber. Können wir die ganze Kindheits- und Jugendzeit als einen großen Geburtsvorgang auffassen?

Wir sind bei dem Blick auf die Geburt viel weniger egoistisch selbstbefangen und selbstbezogen als im Blick auf die andere Lebensschwelle, die des Todes mit der Frage nach der Unsterblichkeit. Seit Aristoteles, also mehr als zweitausend Jahre, haben die Menschen nur auf die eine Seite des Menschenlebens, auf die Todesseite, die Nachtodlichkeit und Unsterblichkeit geblickt. Das hat der ganzen Kultur eine sehr egoistische Prägung gegeben, bis in die Religionsbekenntnisse hinein.

Rudolf Steiner schildert oft den Zusammenhang von bestimmten Aspekten der menschlichen äußeren Erscheinung einerseits mit dem Makrokosmos und der Welt des Geistes andererseits. Welche Aspekte des Menschen weisen unsere Anschauung auf seinen Ursprung im Geiste hin? Ein konkretes Bild soll hier als Beispiel und Anregung etwas ausgeführt werden.

Es ist die kugelig-sphärische Hauptesform, der Kopf (Steiner GA 293, S. 42). Der Anblick des anderen Menschen mit der elementarsten, schlichtesten kugelig-sphärischen Erscheinung seines Hauptes evoziert in uns den Eindruck, dass kosmische Kräfte hier am Werke waren. Der Schädel ist eine der rätselhaftesten Bildungen an unserem Körper. Die Anatomen konnten sich noch nicht einigen, mit wie vielen Knochen wir im Schädel eigentlich zu tun haben, zwischen 20 bis 30, mit den Zähnen über 60. Das wäre fast so viel wie im Rest des Leibes (78 Röhrenknochen)! In der Embryonalzeit geht es um viele verschiedene Knochenkerne, die zu einzelnen Schädelknochen zusammen verschmelzen. Nur im Kopf passiert es, dass sich die Knochen ohne Modus eines Ersatzknochens, eines knorpeligen Vorstadiums bilden, sondern im Modus des sog. Hautknochens aus dem Unterhautgewebe des Kopfes. Alle anderen Knochen im Leib haben ein knorpeliges Vorstadium, das abgebaut wird und erst anschließend stufenweise kalzifiziert, verhärtet. Bekannt ist ja auch das besondere und sich massiv verändernde Verhältnis zwischen Kopf und dem Rest des Leibes. Bei der Geburt hat der Kopf einen Umfang von etwa 34/35 cm bei der Größe von 54 cm. Nach einem Jahr sind das 46/47 cm zu 76 cm. Nach zwei drei Jahren verändert sich der Kopfumfang praktisch nicht mehr, er hört auf zu wachsen. Die ganze Körpergröße verändert sich natürlich erheblich. Beim Erwachsenen bewegt sich der Kopfumfang im Durchschnitt zwischen 56/57 cm (zwischen min. 53 und max. 60 cm) bei der durchschnittlichen Körpergröße 165 cm bei einer Frau und 178 cm bei einem Mann. Der Kopf steht zum Leib im Verhältnis 1:4 am Lebensanfang und 1:8 beim Erwachsenen. Der Kopf entwickelt sich am Lebensanfang mit einer anderen Geschwindigkeit und Dynamik als der Rest des Körpers, was nicht selbstverständlich ist. Hinzu tritt die geometrische Vollkommenheit, die Ästhetik des Kopfes im Gehirnteil, aber auch im Gesichtsteil, ihre Transparenz für inneren Ausdruck. Die Sphärenform des Kopfes verdanken wir der Ausdehnung von leibbildenden Kräften in die kosmische Sphäre – deren Zusammenziehung und Verdichtung zum Kopf.

Es ist nur ein Beispiel dafür, wie wir selbst in einer so elementaren Tatsache, wie es die Kopfform des Menschen ist, mit einer kosmischen Perspektive zu tun haben, wie wir es als einen Hinweis auf den Menschen als Mikrokosmos auffassen können (nicht müssen und wir tun das in der Regel auch nicht).

Ein anderes Beispiel wäre der Atmungsvorgang und seine Einbindung in die Rhythmen der Außenwelt bis zum großen Rhythmus der Sonnenbewegung durch die Sternzeichen des Tierkreises im Rahmen des sog. Platonischen Jahres (siehe dazu z. B. Steiner GA 294, S. 30ff.). Weckt es Ehrfurcht zum Menschen und seinem Zusammenhang mit dem Kosmos in mir? Dann hat das Bild seinen Sinn erfüllt. Wenn es bloß Wissen und Theorie bleibt, ist es wertlos. Dabei ist das keine Frage des Glaubens oder Nicht-Glaubens, sondern viel mehr dessen, ob ich diese Perspektiven in ihrer Wirkung auf mein Erleben zulasse und beobachte, wie ich mich dabei ändere, was mit mir passiert.

Eine spezifische Wahrnehmung der Kinder, eine besondere «Augenorientierung» scheint tatsächlich ein grundlegender Bestandteil der Waldorfpädagogik zu sein. Bereits Rudolf Steiner nennt eine spezifische «Augenorientierung» das eigentliche Ziel seines vorbereitenden Lehrerkurses, der die künftigen Lehrkräfte für ihre anstehende pädagogische Arbeit in der ersten Waldorfschule befähigen sollte (Steiner 305, S. 55).

Auch beim Mikroskopieren oder beim Beobachten durch ein Fernglas wird eine modifizierte Einstellung der Augen gefordert, einschließlich Einstellung der Sehachsen von einem oder von beiden Augen und Augenabstand, emotionelle Ruhe und Konzentration der Aufmerksamkeit. Vergleichbar und doch ganz anders ist die neue Seh-Kunst hinsichtlich der seelisch-geistig-leiblichen Konstitution der Kinder erforderlich. Vielleicht könnte man als Metapher für diese «Augenorientierung» im seelisch-geistigen Sinne auch die Kunst des Entzifferns von sogenannten magischen Bildern verwenden. Es geht ja darum, sich eine ungewohnte Einstellung der Augenachsen anzugewöhnen und sie weitgehend zu parallelisieren, sozusagen durch das Bild hindurch zu schauen, so dass dadurch auf einem zweidimensionalen Bild die dritte Dimension erschlossen wird und damit im Bild neue Konturen und Gegenstände erscheinen.

Die Kunst der Kinderbetrachtung und der Kinderbesprechung resultieren aus diesem sich wandelnden Blick des Waldorflehrers (Seidel 2008, Wiechert 2012). Das Äußere des Kindes wird stellenweise geistig transparent. Es erscheint als Oberfläche, durch die etwas, was davor verborgen war, etwas Innerliches hindurchschimmert, ein offenbares Geheimnis. Ich habe das, was ich neu sehe, nicht fabuliert und mir ausgedacht und ansuggeriert. Ich habe mich befähigt, es zu entdecken. Diese entziffernde, lesende Methode der Kindeskenntnis könnte man «physiognomisch» bezeichnen. Die ganze äußere Erscheinung des Kindes wird mir dadurch zur Physiognomie oder zur Imagination, sie bekommt einen bildhaften Charakter (Zdražil 2014).

Unendlich komplex, vielfältig und individuell ist das, was sich als Wahrnehmung des Anderen zeigt. Es lässt sich in seiner geistig begründeten Wandelbarkeit nie ganz mit Begriffen fassen. Man spürt aber trotzdem deutlich, der Geist der Menschlichkeit lebt einerseits unter den Menschen im sozialen Miteinander, andererseits aber auch in jedem Menschen, ganz besonders in der frühen Kindheit und im Kindesalter. Das erzeugt eine Haltung, die impulsiert, ermutigt und aufrichtet, all den teilweise schweren und entmenschlichenden Lebensbedingungen zum Trotz. «Der Gedanke, der aus solchen Betrachtungen heraus sich der Seele bemächtigt, muss mit Demut, aber auch mit richtigem

Bewusstsein der Menschenwürde erfüllen. Es ist der Gedanke: Der Mensch ist nicht allein [...]» (Steiner GA 15, S. 21).

Literatur

Bothmer, A. v. (1997): Fritz Graf von Bothmer. 1883–1941. Begründer der Bothmer-Gymnastik. Die Biographie mit Selbstzeugnissen. Stuttgart: Selbstverlag

Breyvogel, W. (2005): Jugendkulturen im 20. Jahrhundert. Ein Überblick. In: Breyvogel, W. (Hrsg.) (2005): Eine Einführung in die Jugendkulturen. VS Verlag für Sozialwissenschaften, S. 9–68

Celan, P. (1967): Atemwende. Frankfurt: Suhrkamp

Dietz, K. M. (1994): Individualität und Zeitenschicksal. Stuttgart: Freies Geistesleben

Dionysius, A. (2019): Über die himmlische Hierarchie. Stuttgart: Anton Hiersemann

Eben, A. (2013): Blick in die Ewigkeit. Die faszinierende Nahtoderfahrung eines Neurochirurgen. München: Ansata

Furst, B. (2020): Autonomie der Blutbewegung. Ein neuer Blick auf Herz und Kreislauf. Berlin: Salumed

Garvelmann, W. (1994). Ich bin bei euch. Christuserfahrung heute. Dornach Edition Verlag Die Pforte im Rudolf Steiner Verlag

Grosse, R. (1998): Erlebte Pädagogik. Schicksal und Geistesweg. Dornach: Verlag am Goetheanum

Hahn, H. (1979): Begegnungen mit Rudolf Steiner als Auftakt der Waldorfpädagogik. In: Beltle, E. und Vierl, K. (1979): Erinnerungen an Rudolf Steiner. Stuttgart: Freies Geistesleben, S. 244ff.

Hahn, H. (1990): Von den Quellkräften der Seele. Wege zu einer zeitgemäßen religiösen Unterweisung der heranwachsenden Generation. Stuttgart: Mellinger

Haid, C. (2001): Auf der Suche nach dem Menschen. Die anthroposophische Jugend- und Studentenarbeit 1920–1931 mit einem skizzenhaften Ausblick bis in die Gegenwart. Dornach: Verlag am Goetheanum

Husemann, A. (2019): Die Blutbewegung und das Herz. Stuttgart: Freies Geistesleben

Jiménez, J. R. (1977): Herz, stirb oder singe. Zürich: Diogenes

Kempen, T. v. (1986): Nachfolge Christi. Stuttgart: Reclam

Korczak, J. (1987): Wie man ein Kind lieben soll. Göttingen: Vandenhoeck & Ruprecht

Linde, F. (Hrsg.) (2020): Wer ist Christus? Salzburg: Residenz Verlag

Lindenberg, C. (1984): Vom geistigen Ursprung der Gegenwart. Studien zur Bewusstseinsgeschichte Mitteleuropas. Stuttgart: Verlag Freies Geistesleben

Pitter, P. (2017): Unter dem Rad der Geschichte. Schwarzenfeld: Neufeld Verlag

Ravagli, L. (2018): Rudolf Steiners Weg zu Christus. Stuttgart: Akanthos Akademie

Ritchie, G./Sherill, E. (1986): Rückkehr von morgen. Marburg: Franke-Buchhandlung

Ruths-Hoffman, K. (1956): Als die ersten Waldorfschüler entlassen wurden. In: Erziehungskunst, 1956/11, S. 349–352

Saint-Exupéry, A. (2016): Der kleine Prinz. Stuttgart: Reclam

Selg, P. (2003): Mysterium cordis. Von der Mysterienstätte des menschlichen Herzens: Studien zur sakramentalen Physiologie des Herzorgans. Aristoteles, Thomas von Aquin, Rudolf Steiner. Dornach: Verlag am Goetheanum

Seydel, A. (2009): Ich bin Du. Kindererkenntnis in pädagogischer Verantwortung. Stuttgart: edition waldorf

Steiner, R. (GA 8): Das Christentum als mystische Tatsache und die Mysterien des Altertums. Dornach 1989

Steiner, R. (GA 13): Die Geheimwissenschaft im Umriss. Dornach 1989

Steiner, R. (GA 15): Die geistige Führung des Menschen und der Menschheit. Geisteswissenschaftliche Ergebnisse über die Menschheits-Entwicklung. Dornach 1987

Steiner, R. (GA 55): Die Erkenntnis des Übersinnlichen in unserer Zeit und deren Bedeutung für das heutige Leben. Dornach 1983

Steiner, R. (GA 103): Das Johannes-Evangelium. Dornach 1995

Steiner, R. (GA 116): Der Christus-Impuls und die Entwicklung des Ich-Bewußtseins. Dornach 1982

Steiner, R. (GA 118): Das Ereignis der Christus-Erscheinung in der ätherischen Welt. Dornach 1984

Steiner, R. (GA 121): Die Mission einzelner Volksseelen im Zusammenhange mit der germanisch-nordischen Mythologie. Dornach 2017

Steiner, R. (GA 123): Das Matthäus-Evangelium. Dornach 1988

Steiner, R. (GA 127): Die Mission der neuen Geistesoffenbarung. Das Christus-Ereignis als Mittelpunktsgeschehen der Erdenevolution. Dornach 1989

Steiner, R. (GA 130): Das esoterische Christentum und die geistige Führung der Menschheit. Dornach 1995

Steiner, R. (GA 131): Von Jesus zu Christus. Dornach 1988

Steiner, R. (GA 136): Die geistigen Wesenheiten in den Himmelskörpern und Naturreichen. Dornach 1996

Steiner, R. (GA 139): Das Markus-Evangelium. Dornach 1985

Steiner, R. (GA 140): Okkulte Untersuchungen über das Leben zwischen Tod und neuer Geburt. Die lebendigen Wechselwirkungen zwischen Lebenden und Toten, Dornach 2003

Steiner, R. (GA 143): Erfahrungen des Übersinnlichen. Die drei Wege der Seele zu Christus. Dornach 1994

Steiner, R. (GA 152): Vorstufen zum Mysterium von Golgatha. Dornach 1990

Steiner, R. (GA 165): Der innere Aspekt des sozialen Rätsels. Luziferische Vergangenheit, Ahrimanische Zukunft. Dornach 1977

Steiner, R. (GA 168): Die Verbindung zwischen Lebenden und Toten. Dornach 1995

Steiner, R. (GA 175): Bausteine zu einer Erkenntnis des Mysteriums von Golgatha. Kosmische und menschliche Metamorphose. Dornach 1996

Steiner, R. (GA 176): Menschliche und menschheitliche Entwicklungswahrheiten. Das Karma des Materialismus. Dornach 1982

Steiner, R. (GA 177): Die spirituellen Hintergründe der äußeren Welt. Der Sturz der Geister der Finsternis. Dornach 2013

Steiner, R. (GA 180): Mysterienwahrheiten und Weihnachtsimpulse. Alte Mythen und ihre Bedeutung. Dornach 1980

Steiner, R. (GA 181): Erdensterben und Weltenleben. Anthroposophische Lebensaufgaben. Bewusstseinsnotwendigkeiten für Gegenwart und Zukunft. Dornach 1991

Steiner, R. (GA 182): Der Tod als Lebenswandlung. Dornach 1996

Steiner, R. (GA 184): Die Polarität von Dauer und Entwicklung im Menschenleben. Dornach 2002

Steiner, R. (GA 193): Der innere Aspekt des sozialen Rätsels. Dornach 1989

Steiner, R. (GA 194): Die Sendung Michaels. Die Offenbarung der eigentlichen Geheimnisse des Menschenwesens. Dornach 1994

Steiner, R. (GA 211): Das Sonnenmysterium und das Mysterium von Tod und Auferstehung. Esoterisches und exoterisches Christentum. Dornach 1986

Steiner, R. (GA 226): Menschenwesen, Menschenschicksal und Welt-Entwicklung. Dornach 1988

Steiner, R. (GA 257): Anthroposophische Gemeinschaftsbildung. Dornach 1989

Steiner, R. (GA 259): Das Schicksalsjahr 1923 in der Geschichte der Anthroposophischen Gesellschaft. Vom Goetheanumbrand zur Weihnachtstagung. Dornach 1991

Steiner, R. (GA 260): Die Weihnachtstagung zur Begründung der Allgemeinen Anthroposophischen Gesellschaft 1923/24. Dornach 1994

Steiner, R. (GA 263): Rudolf Steiner/Edith Maryon: Briefwechsel. Dornach 1990

Steiner, R. (GA 269): Ritualtexte für die Feiern des freien christlichen Religionsunterrichtes und das Spruchgut für Lehrer und Schüler der Waldorfschule. Dornach 1997

Steiner, R. (GA 293): Allgemeine Menschenkunde als Grundlage der Pädagogik. Dornach 1992

Steiner, R. (GA 294): Erziehungskunst. Methodisch-Didaktisches. Dornach 1990

Steiner, R. (GA 296): Die Erziehungsfrage als soziale Frage. Die spirituellen, kulturgeschichtlichen und sozialen Hintergründe der Waldorfschul-Pädagogik. Dornach 1991

Steiner, R. (GA 298): Rudolf Steiner in der Waldorfschule. Dornach 1980

Steiner, R. (300a-c): Konferenzen mit den Lehrern der Freien Waldorfschule in Stuttgart 1919 bis 1924. Dornach 2019

Steiner, R. (GA 304): Erziehungs- und Unterrichtsmethoden auf anthroposophischer Grundlage. Dornach 1979

Steiner, R. (GA 304a): Anthroposophische Menschenkunde und Pädagogik. Dornach 1979

Steiner, R. (GA 305): Die geistig-seelischen Grundkräfte der Erziehungskunst. Spirituelle Werte in Erziehung und sozialem Leben. Dornach 1991

Steiner, R. (GA 306): Die pädagogische Praxis vom Gesichtspunkte geisteswissenschaftlicher Menschenerkenntnis. Dornach 1989

Steiner, R. (GA 307): Gegenwärtiges Geistesleben und Erziehung. Dornach 1986

Steiner, R. (GA 353): Die Geschichte der Menschheit und die Weltanschauungen der Kulturvölker. Dornach 1988

Wiechert, C. (2012): «Du sollst sein Rätsel lösen ...» Gedanken zur Kunst der Kinder- und Schülerbesprechung. Dornach: Verlag am Goetheanum

Zdražil, T. (2014): Der Schulungsweg des Lehrers durch anthroposophische Menschenerkenntnis. In: Zur meditativen Vertiefung des Lehrer- und Erzieherberufes. Hrsg. von der Pädagogischen Sektion am Goetheanum, S. 20–28

Zdražil, T. (2017): Die Anschauung des dreigliedrigen Menschen. Der lange Weg Rudolf Steiners zu ihrer Veröffentlichung im Jahre 1917. In: Zdražil, T. (2017): Anthroposophie und Pädagogik. Stuttgart: edition waldorf, S. 27–54

Zdražil, T. (2019): Die Freie Waldorfschule in Stuttgart 1919–1925. Rudolf Steiner – das Kollegium – die Pädagogik. Stuttgart: edition waldorf

Prof. Dr. Tomáš Zdražil, Jg. 1973, studierte Geschichts-, Archiv-, Erziehungswissenschaft wie auch Waldorfpädagogik. Promoviert hat er im Graduierten-Kolleg der Fakultät für Pädagogik an der Universität Bielefeld mit dem Thema «Gesundheitsförderung und Waldorfpädagogik». Er hat mehrere Jahre als Klassen- und Oberstufenlehrer in Tschechien gearbeitet und lehrt aktuell an der Freien Hochschule Stuttgart Seminar für Waldorfpädagogik, wo er das von Tessin-Zentrum für Gesundheit und Pädagogik leitet. Er beschäftigt sich vornehmlich mit den anthropologischen und anthroposophischen Grundlagen der Pädagogik, der Entstehung und Entwicklung der Waldorfpädagogik und der schulischen Gesundheitsförderung. Er ist Mitglied der Internationalen Konferenz der Waldorfschulbewegung (Haager Kreis). Zahlreiche Publikationen, u. a. «Freie Waldorfschule in Stuttgart. Rudolf Steiner – das Kollegium – die Pädagogik» (Stuttgart: edition waldorf. 2019).

Heinz Zimmermann

Grammatik

Spiel von Bewegung und Form

Wer aus seiner Schulzeit das Bild eines die Sprachphantasie tötenden Grammatikunterrichts in sich trägt, wird erstaunt sein, wie lebendig Grammatik sein kann, wenn sie aus der Ganzheit des Sprachlebens heraus entwickelt wird. Grammatik und Dichtung, Grammatik und Bewusstseinsschritte sind dann keine Gegensätze mehr, sondern beleuchten sich gegenseitig.

136 Seiten, kartoniert, ISBN 978-3-7235-1658-4

VERLAG AM GOETHEANUM

Christof Wiechert

Die Waldorfschule

Eine Einführung

Was ist die Besonderheit der Waldorf- oder Rudolf Steiner Schulen? Was ist ihre pädagogische Intention innerhalb der vielfältigen Bildungslandschaften? Jeder kennt sie, aber nur wenige verstehen sie tatsächlich. Waldorfschulen praktizieren eine Unterrichtsmethode, die für eine Erneuerung des heutigen Bildungswesens wegweisend sein könnte. Wer sich auf ihr besonderes Bildungsangebot einlässt, wird begeisternde Motive für Erziehung und Bildung entdecken. Dieses Buch ist für Eltern, (neue) Lehrer und sonstige Interessierte gedacht, die das Phänomen Waldorf-/Rudolf Steiner Schule verstehen möchten, ohne sich dafür einen theoretischen Überbau aneignen zu müssen.

128 Seiten, mit Zeichnungen von Hans Dieter Appenrodt, kartoniert, ISBN 978-3-7235-1489-4

VERLAG AM GOETHEANUM

Christof Wiechert

Lust aufs Lehrersein?!

Eine Ermutigung zum (Waldorf)Lehrerberuf

In diesem Buch wird die Waldorfpädagogik als eine Pädagogik der offenen Türen dargestellt; keine Lehre, kein ‹Man muss› oder ‹So ist es›, sondern als ein nachvollziehbares Eingehen auf die praktischen und innerlichen Seiten des Schullebens: leicht und gleichsam tiefsinnig. Wiecherts Betrachtungen gleichen einer Beobachtungsreise. Wir wandern durch zahlreiche pädagogische und soziale Situationen, gehen durch Klassenzimmer, Elternabende, Schülerbesprechungen, Konferenzen und Probleme des Schullebens. Überall sind Anregungen zur Selbstreflexion und Ansätze für neue Perspektiven zu finden. Der Stil entspricht dem Inhalt; über die Erziehungskunst wird nicht nur gesprochen, sondern diese wird auch praktiziert. (aus dem Vorwort von Robert Thomas)

192 Seiten, kartoniert, ISBN 978-3-7235-1389-7

VERLAG AM GOETHEANUM